都会にフジを咲かせましょう

藤家十八代目当主
藤 三郎
著

文一総合出版

はじめに

平成三一年四月九日に、麻生太郎財務大臣（当時）から令和六年度に新札が発行されるとの発表がありました。新札裏面のデザインに目を向けると、新一万円札は東京駅・丸の内駅舎が、新千円札は葛飾北斎の富獄三十六景・神奈川沖浪裏が、そして新五千円札はフジが描かれると報道されました。

フジは、令和の時代を象徴する花木と言えます。

一方、「人気の花ランキング」（二〇一八年）では、一位＝桜、二位＝バラ、三位＝アジサイ……とフジは上位二十位にも入りません。新五千円札の裏面のデザインに選ばれたからといって、決して人気が高いわけではありません。フジは、身近で親しい花木ではないのです。

フジのことはあまり知られていませんし、紫の雨のように咲かせる植木職人の技は、まるで神の手のようです。咲かせる技術が難しいのです。また、藤名所は都会から遠くにあることが多く、足を運ぶのも容易ではありません。このようなことが、フジを特別な花木に留めているのです。

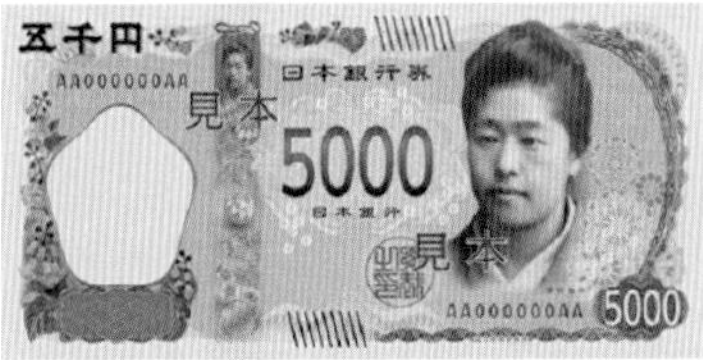

咲きにくいフジを咲かせよう

フジを上手に咲かせている人に「フジを咲かせるにはどうしたらいいでしょうか？」と問いかければ、たいてい「フジは一本一本違いますから……」という返事が返ってくるでしょう。高名なフジ研究家の、「フジは奥が深く自分ですら本は書けません」という言葉も耳にしました。フジは「これほど何もしなくても花が咲く花木はないといっても過言ではない」といわれていますが、実際には咲かせるのが難しい花木です。

筆者は、元々化学系の研究者で、フジの専門家でも園芸家でもありません。それにもかかわらずフジの園芸書を書いた理由は以下の通りです。

平成一八年、大阪府大阪市福島区の花「のだふじ」を管理するボランティア団体「のだふじの会」を立ち上げ、フジの育成にかかわり始めました。最初の数年間、専門家の指導に従って管理しましたが、ほとんど咲きませんでした。また、本に書かれている伝統的な管理技術に従って管理しているプロの庭師も咲かすことができずに断念したのを、二度も目の当たりにしました。今までのフジの管理技術では、「都会のフジ」は咲かないのです。

十数年間、熱心な「のだふじの会」のメンバーは、試行錯誤の結果、少しずつフジを咲かせ始めました。フジは同じように手入れしても、咲いたり咲かなかったりします。それを研究者の目で観察し、一見バラバラに見える現象をつなぎ合わせ体系化したのが第一部です。したがってこれは、「のだふじの会」の苦闘の歴史でもあります。本書をまとめるにあたり、各地のフジ名所のフジを管理している専門家に面談し、検証を重ねました。

「野田の藤」とノダフジ

第二部では、数百年にわたる日本人とフジとのかかわりを、「古事記」「万葉集」の時代から紹介します。中世以降には「野田の藤」を中心にまとめました。

通常、「フジ」という場合はノダフジを指します。これは植物学者・牧野富太郎博士の命名による日本のフジの和名で、ノダは大阪市福島区の野田という地名に由来します。長岡造形大学の飛田範夫教授は、著書『大坂の庭園』の中で、ノダフジについて「これほど一本の樹木の歴史を鎌倉時代から現代まで文献でたどれる事例は珍しい」と述べています。

なお本書では、植物としてのフジは「フジ」または「ノダフジ」、歴史的な呼び方をする場合は「野田藤」または「野田の藤」、一般名は「藤」の漢字を使いましたが、慣用的な呼び方をする場合はそれに従いました。なお大阪市は「福島区の花」を「のだふじ」とひらがな表示にしていますので、「区の花」としてはそれに従いました。

実は、筆者の家は「野田の藤」と深いかかわりがあります。

およそ六百年前、筆者の祖先が野田の地に移り住みました。その頃には、すでに「天順によってフジの木あまたあり（自然のによってフジの木がたくさんあり）」ました。以来、戦国時代の三度にわたる戦乱を生き延び、江戸時代末にいたるまで「野田の藤」を守ってきました。九代前の祖先は「野田の藤」の歴史・伝承を集め「藤伝記」を版本として出版しました。その原本は（玉川）春日神社（大阪市福島区玉川二ー二ー七）に、版本は国会図書館にあります。それからおよそ三百年の歳月を経て、その後の「野田の藤」の盛衰と消滅の奇跡をたどるとともにPeter Valderの大著『Wisteria A Comprehensive Guide』（1995）に啓発され、日本初のフジの園芸・文化史・名所案内を網羅したフジの総合書執筆に挑戦してみました。戦国時代の「野田の藤」を巻き込んだ戦乱については、あまり知られていませんので、本書の趣旨から少し外れてはいますが、この機会にその歴史的背景もつけ加えました。

フジ名所めぐり

日本には、フジの名所がたくさんあります。第一部・第二部の内容と関連した名所は、その都度コラムで紹介しました。また、「世界一」「日本一」「関西一」と「一」がつくフジ名所は「第三部 現代のフジ名所十選」に紹介しました。その他にも有名なフジ名所は全国各地にあります。その一部も付記しました。

目次

第1部
都会にフジを咲かせましょう！

第2部 フジの文化史

第3部 現代のフジの名所十選

日本原産

ヤマフジ（ノフジ）

Wisteria brachybotrys Sieb. et Zucc.
学名のbrachybotrysは「花が短い」の意。

日本固有種。本州西部、四国、九州及び東海地方に自生する。
ツルは上から見て左巻き。花房はノダフジより短く10〜20cm、カピタン（花美短）、ダルマフジとも呼ばれる。花弁は2〜2.5cmとノダフジに比べて大きい。若葉は両面に毛が密生している。花色は紫又は白色。香りが強い。小葉は9〜13枚。ノダフジに比べて開花が早く、夏の暑さに強い。花芽が大きく花芽と葉芽が見分けやすい。ノダフジに比べて栽培しやすく、増殖のための台木によく使われる。

原種 ※

同系の品種

岡山一歳フジ　早咲き

白カピタン　早咲き

紫カピタン　早咲き

昭和紅フジ　早咲き

※　原種とは
野生植物として各地に分布していた種。これらをもとに、変わりもの（突然変異など）を増殖したり、他の種と掛け合わせたりなどして、さまざまな園芸品種が作り出されています。

この本に登場するフジ

日本原産

ノダフジ（フジ）

Wisteria floribunda (Willd.) DC.

学名のfloribundaは「花が多い」の意。日本固有種。南は九州から、北は本州北端の青森まで広く自生する。ツルは上から見て右巻き、時計回りに他物に巻き付く。花房は30～100cmと長い。花弁は径1～1.3cmと小さめだが数は多い。色は薄紫または白色。ノダフジを元にしたノダフジ系の園芸品種には、ピンク色・紅色・えび茶色などの花色をもつものもある。小葉は11～19枚。若葉は表面に伏毛があるが成葉は無毛になる。ヤマフジに比べて寒さには強いが、夏の暑さに弱い。

原種 ※

同系の品種

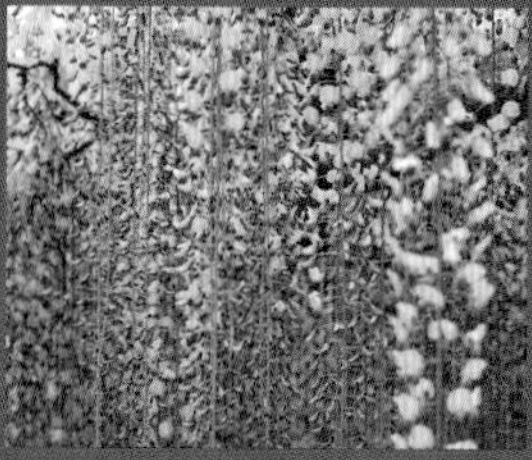

九尺フジ（九尺野田）　遅咲き

海老茶フジ　中咲き

新紅フジ　遅咲き

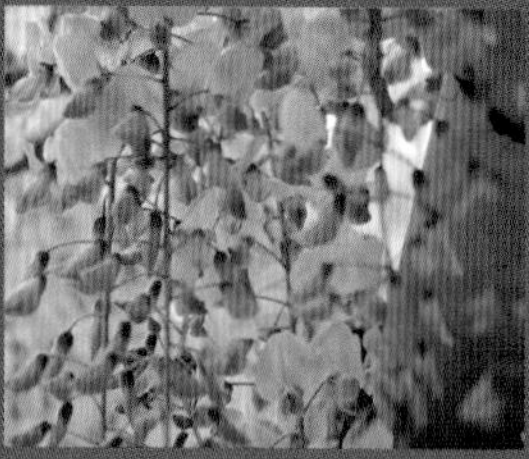

口紅フジ　早咲き

野田一歳フジ（黒龍フジ）　中咲き

長崎一歳フジ　早咲き

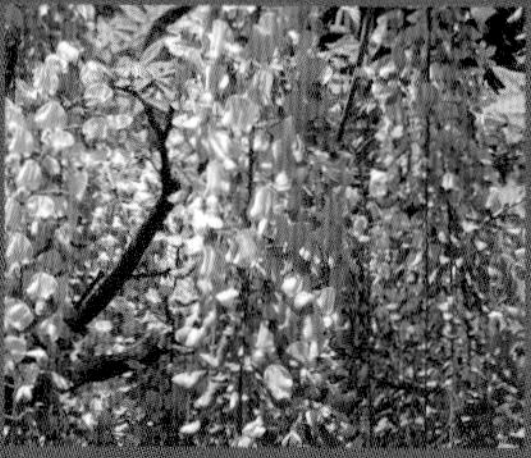

本紅フジ　遅咲き

八重黒龍　遅咲き

昭和白藤（シロノダ）　遅咲き

中国原産

シナフジ（麝香フジ、紫藤）

Wisteria sinensis（Sims）Sweet

学名のsinensisは「中国の」の意。中国の河北省～四川省、広東省にかけて分布する。

花房は長さ15～30cm、花弁は2.5～4cm。花色は紫色～濃紫色。ヤマフジとフジの中間的な特徴を持ち、枝や葉はヤマフジ型、花はノダフジ型。乾燥に強く管理が易しい。

野生種のシナフジから作出された“シナベニフジ”。

同系の品種

緋チリメン（ヤマフジ）　早咲き

白花シナフジ（シナフジ）　早咲き

日本の古来の品種は、大きく分けて、ヤマフジと花房が長いノダフジ（長藤）の2種のいずれかになります。

最近は中国やアメリカ産などの海外品種もあり、色や形、生育環境なども多様になってきています。

原種 ※

米国原産

アメリカフジ

Wisteria frutescens（L.）Poir

学名のfrutescensは「低木状の」の意。
アメリカ東南部、バージニア州からフロリダ州にかけて分布する。
ツルは上から見て左巻き。小葉9～15枚で互生する。ヨーロッパで最初に知られるようになったフジ。遅咲きで、日本のフジで最も遅咲きの“昭和白藤”よりさらに遅く咲く。春と夏に2度咲くので「2季咲き」という品種名で売られていることがある。花序は短くヤマフジに似ている。色は藤色と白があり、非常に咲きやすい。

VIE DE FRANCE

第1部 都会にフジを咲かせましょう！

一　盆養藤（鉢植えのフジ）入門

鉢植えのフジは、棚仕立てのフジに比べて広い庭がなくても、軒先やベランダ・屋上で手軽に育てることができ、年月が経てば風格が出てきて立派な「盆藤」になる楽しみもあります。剪定も脚立に上らずに行えるので、棚仕立てのフジに比べるとはるかに管理も手軽です。そのうえ根が動きにくく、安定的に咲かせやすくもあります。

また夏には側芽が花芽になり、冬にはそれが膨らみ、春先にはつぼみになり、四月中旬から花房がほころびながら長くなっていくのを間近に見ながら楽しむことができます。咲かせ方は後に述べる地植えのフジの管理と共通していますが、次のような鉢植えのフジの特殊性もあり、これらに留意して管理します。

① 用土の量が少ないので水涸《が》れを起こしやすい。
② 樹形が目標の大きさに達したらそれ以上大きくしない。
③ 数年ごとにひとまわり大きな鉢に植え替えると元気を保つ。

ベランダで

軒先で

以下に鉢植えの藤の育て方の概要を説明しますが、咲かせるためのポイントは「日光」「散水と水涸れ対策」「剪定」です。「花殻摘み」も忘れずに。

ほころび始め

開き始めたつぼみ

気温によっても変わりますが、つぼみが開き始めてから満開まではだいたい3～4週間。花房が伸びたほころび始めの状態から満開までは1週間～10日ほど。日々変わる様子が楽しめます。

八分咲き

三分咲き

満開

五分咲き

○苗木の入手と花後の管理

苗木の入手

咲きやすい苗木の入手

まず初めに、よい苗木を手に入れます。よい苗木とは花がたくさんついていること、幹が太く丈夫なことです。

購入する時期は四月初め。花房が伸び始め、花のつけ根がしっかりしてきますので、この時期に購入するのが最もよいでしょう。花が咲く直前の三月につぼみの状態で入手したいところですが、この時期のつぼみは落ちやすく、取り扱い中や輸送中につぼみの数が減るおそれがあります。フジが眠っている晩秋から二月に購入するのも無難です。この時期には花芽ができているのがわかります。

夏に購入しますと、輸送中毛虫が活動し葉を食べてしまうことがありますので避けましょう。

初めて育てるなら「野田一歳フジ」のような、一歳フジ系の咲きやすい品種がよいでしょう。「九尺フジ」などナガフジ系は、開花に年月がかかり、初心者には咲かせにくい品種です。香りの強い「岡山一歳フジ」、派手な色

市販されている鉢植えの藤

落ちやすいつぼみ

彩の「昭和紅フジ」のようなヤマフジ系も、咲かせやすく面白い品種です。

入手後の植え替え

入手したフジが、「しっかりした鉢に、水はけのよい用土」に植えられている場合は、二～三年間は移植の必要がありません。逆に、「使い捨てのポットに、透水性の悪い粘土質の土」に植えられていることがあります。これでは栽培に適しませんので、花が終わってから別の植木鉢に、用土を入れ替えたうえで移植してください。新しい用土には赤玉土・鹿沼土・腐葉土・クン炭を元の土に混ぜて使ってください。このとき、使う鉢は黒色・紺色など色の濃い鉢を避けます。夏に地温が上がりやすいためです。逆に素焼きの鉢は空気が通りやすいので、フジに適しています。

買ってきたときの鉢から出して植え替える

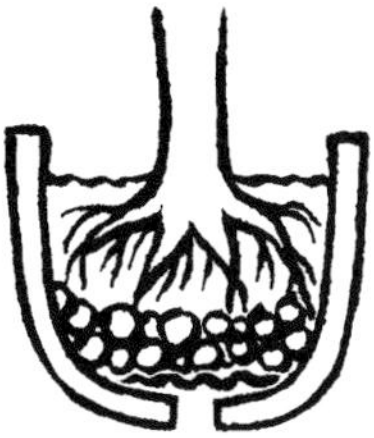

鉢の底には玉石を入れ、通気性を確保する

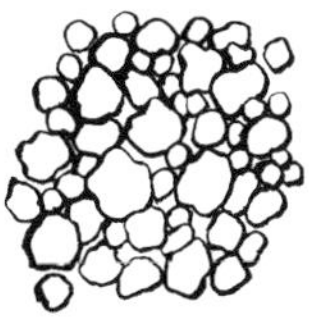

赤玉土

腐葉土

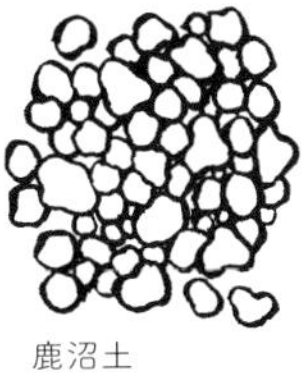

鹿沼土

くん炭

花後の管理

花殻摘み

花が終わったら早めに必ず花殻摘みをします。花殻とは、花を終えた花房のことです。これを、根元より少し離れたところから指でしごき落とします。このとき、根元付近の新芽【図01】は絶対に取らないように注意してください。翌年、ここに花芽がつきやすいからです。

花殻摘みを怠りますと、花の一つ一つがマメになります。このマメに養分を奪われるため、翌年咲かなくなります。

散水と水涸れ対策としての「腰水」

鉢植えのフジを毎年咲かせるためには、水やり、特に夏場の水やりが大切です。夏以外の季節も、表土が乾かない程度に軽く水をやります。

鉢植えは、路地植えのフジに比べて用土の量が少ないため、夏場に水涸れを起こしやすく、夏は朝夕の水やりが欠かせません。しかし、帰宅が遅くなった、旅行に出かけた、うっかり忘れたなどの理由で、水やりができないことがあります。フジは一時的にでも水涸れを起こすと真っ先に花芽が弱りますので、翌年咲かなくなります。真夏の水涸れ防止のため、朝夕の水やりに加えて、腰水をお薦めします。腰水とは、水盤に水を張って鉢

【図01】花房の根元についた、花芽になる可能性が高い新芽。絶対に取らないで!

満開から10日後。花弁が落ちたところでは、子房(実になる部分)が膨らみ始め，小さなマメになっているのがわかります

を漬けておくことを言います。

腰水は根の活動を抑制しますので花成にも有効なうえに、水涸れ予防にもなります。【図02】一般に、腰水はフジを弱らせるので非常の場合以外はしないほうがよいとされていますが、猛暑から花芽を守るための、いわば必要悪です。あまり深く水に浸けず、鉢の下から半分ないし三分の一程度、浅く浸けておきます。梅雨明け頃から初め、九月のお彼岸の頃まで行います。

猛暑の日※は葉の表面からの水の蒸発が早いので、腰水をしてあるからと油断はできません。毎日朝夕水受けに水が残っているか注意してください。猛暑日には、朝には水が受け皿にいっぱいあっても夕方にはなくなっていることがあります。それほど夏には葉の表面から水が蒸発しているのです。

土の表面は、ワラや腐葉土・水苔で覆い、水の蒸発を抑えます。コケが生えてきたら大切に育てます。コケに養分を取られるので取り除きたくなりますが、我慢して残します。とにかく、一時的な水涸れが、咲かない一番の原因であることをご理解ください。

※気象予報では、最高気温が三十五度を超える日を「猛暑日」といいます。フジの管理でもこれを目安にしています。

【図02】腰水。水盤に鉢の下半分〜下三分の一程度がつかる水を入れ、日中いっぱい鉢を入れておきます

根元の新芽を傷つけないように気をつけて、はさみで示したあたりから花殻を落とします。

花芽を作るためのフジの剪定方法

フジの剪定はプロの庭師しかできないと思われるでしょう。しかし、基本がわかれば初心者でもできます。フジの剪定に挑戦してみてください。

フジを咲かせるための剪定は、大部分がツルの剪定です。枝の剪定は、樹形を整えるため、弱った古い枝を取り除くため、または棚仕立てのフジの強剪定が必要なとき以外は、あまり必要ありません。

「ツル」とは今年発生した若いツルを指します。発生してから二〜三年たって表面が木質化し始めると「枝」とよびます。木質化した枝が直立した部分が「幹」です。これらは、すべてツルが変化したものです。

今年咲いたところに来年も咲く

鉢植えのフジは、多くの場合、今年咲いた部位が「短枝」となり、さらに「短花枝」に変わり、ここに翌年花が咲きます。【図03】もし短枝から新しいツルが発生したら、早めに三〜五芽残して切除します。花後から夏の終わりまで、時期は問いません。

【図03】短花枝と花芽（8月下旬ごろ）

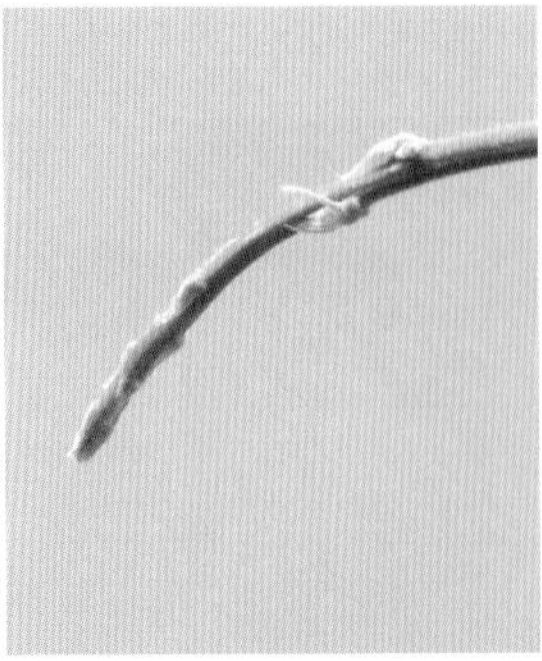
ツルの先端の芽を「頂芽」といいます。

ツルに花芽をつけるための剪定

フジの花芽は、今年発生したツルのつけ根付近にもできます。フジのツルには葉が交互についています。この葉のつけ根をよく見ますと小さな側芽がついています。この側芽が葉芽になったり花芽になったり、二番ツルに変化するのです。一本のツルには葉と同じ数の側芽がついていますが、花芽に変わるのは根元から数えて一～四芽まで、多くは二～三芽です。この部分に太陽の光を十分当てると、初夏には自然に花芽になります（条件がよければ、ツルの先端まで花芽になることがあります）。一方、晩春から梅雨明けにかけてどんどん伸びてくるツルは、鉢の大きさの三倍以上になったらそこで切り戻すと花芽になりやすいのです。【図04】花成のためにはこの時期の剪定が大切です。このことはのちに詳しく説明します。

一番ツルを切り戻すと、先端の側芽が、二番ツルになります。【図05】

この二番ツルには花芽はできませんが、一番ツルに養分を供給する役目がありますので残しておきます。二番ツルがあまり伸びすぎますと混み合ってきますし、邪魔になりますので、五十センチ～一メートル以上伸びたら、鉛筆一本分くらいの長さを残して切り戻してください。伸ばしっぱなしにしておくと花芽が弱ります。

【図04】ツルが鉢の大きさの3倍以上に伸びたら剪定します。

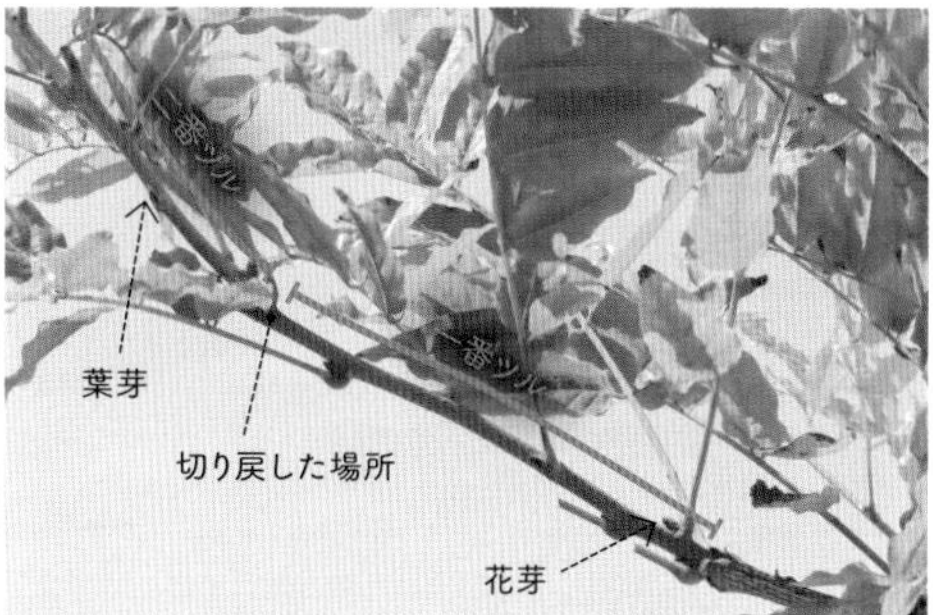

【図05】初夏に伸びた一番ツルを切り戻すと、残した先端の芽がツルになります。これが二番ツルです。

太陽の光をツルの根元に当てるための剪定

ツルが混み合いますと太陽の光が中まで届きませんので、同じ箇所からツルが何本も伸びている場合は、一本を残して他はつけ根付近から切除してください。

また内側向きに伸びる「ふところ枝」には太陽の光が当たらず、花芽がつきませんので、これも根元から切除してください。

混み合わないように透かして、太陽光がツルのつけ根まで届くようにし

ツルと葉と芽の関係を覚えましょう
今年発生したツルは、夏はまだ緑色です（花芽がついた勢いのあるツルは、秋には表面が木化しはじめます）。
葉はツルの両側に交互に出ます。ツルから枝が出て小さな葉がたくさんついているように見えますが、枝とそれについた葉のように見える全体で1枚の葉です（こういう形の葉を「複葉」といいます。マメ科は複葉をもつものが多いです）。
葉のつけ根に側芽がつきます。ふつう、根元から2～3芽が花芽になります（条件がよければ4芽以上）。この部分に太陽の光が当たるよう剪定しましょう。

ておくと、初夏には花芽ができています。若いフジは八月になってもまだ新しいツルが発生しますが、ここには花芽はできませんので、見つけ次第切除してください。放置すると混み合う原因になり、花芽が弱ります。このとき、すでに花芽ができているツルは絶対に切らないように注意してください。

夏の花芽と葉芽の見分け方

初夏から秋にかけての剪定の際、花芽を切り落とさないためには、花芽と葉芽を見分ける必要があります。フジの花芽は一般に先端が丸みを帯びており、葉芽に比べて大きく、花芽は先端がツルからわずかに立ち上がっているとされています。

しかし実際には、花芽と葉芽の違いはごくわずかで、見分けることは難しいのです。特に、「六尺フジ(野田長藤)」や「昭和白藤(シロノダ)」は花芽も葉芽も先端がとがっており、大きさのみが少し違いますがその差はわずかで、翌年三月頃、つぼみが膨らみ始めるまで花芽だとわからないことが多いのです。

これらのフジの花芽を落とさないように剪定するには、冬の剪定で、二月にざっと剪定し大部分の葉芽を落としてから、三月に花芽が膨らみ始めるのを待ってもう一度剪定するのがよいでしょう。八月頃の、いろ

夏の剪定は、混み合ったツルの整理が中心です

同じ場所から出ているツルは1本を残し根元から切ります。

剪定終了。ツルの根元まで光が入るように、ツルを間引いて透かしています。見た目もすっきりしました。

いろの品種のフジの花芽と葉芽を写真に示します。【図06】花芽ができているツルの表面は、すでに木質化が始まっており、ツルが充実しているのがわかります。

大雑把ですが、花芽ができていることを簡単に確認する方法もあります。葉の色を見るのです。夏の終わりから初秋にかけて黄色くなっていれば、ほぼその付近に花芽ができています。ただし、品種、その年の気温や地域によっては、花芽があっても冬近くまで黄色くならないことがあります。

このあとは、冬に落葉するまで放置します。ツルが伸びていて見苦しいですが、我慢して落葉を待ちます。

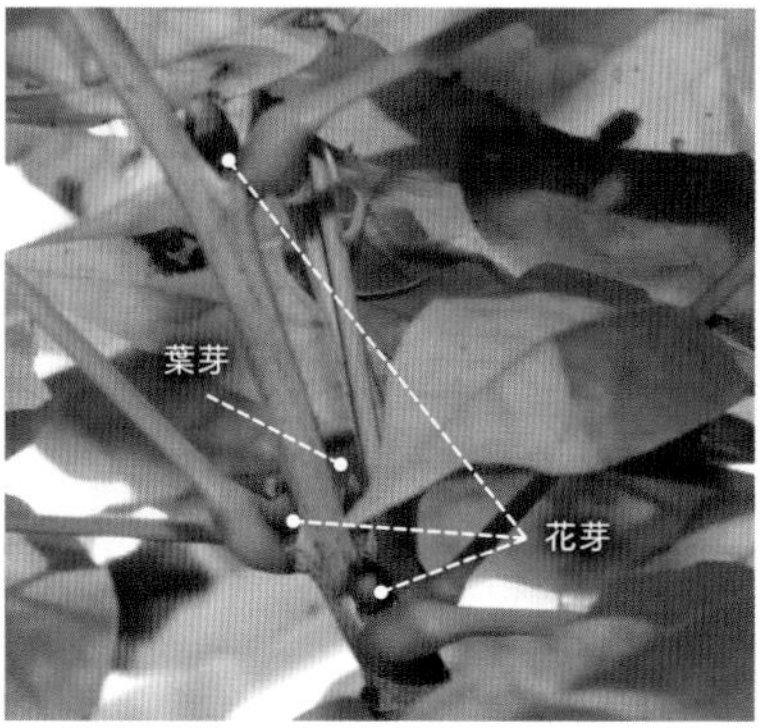

夏の終わりに黄色くなった葉の近くに花芽ができています。

【図06】

8月頃の各園芸種の花芽と葉芽

（奈良万葉植物園にて、木多倫浩氏の協力を得て撮影）

冬の剪定

一月~三月上旬にかけて、落葉した後に冬の剪定をします。冬の剪定の目的は、花芽を残して葉芽をできるだけ切除することにより、春に強いツルを発生させることです。他に樹形を整える目的もありますが、まずは花芽優先で剪定し、少々樹形が乱れてもせっかくできた花芽を大切にします。【図07】樹形の乱れは花後に整形すればいいのです。

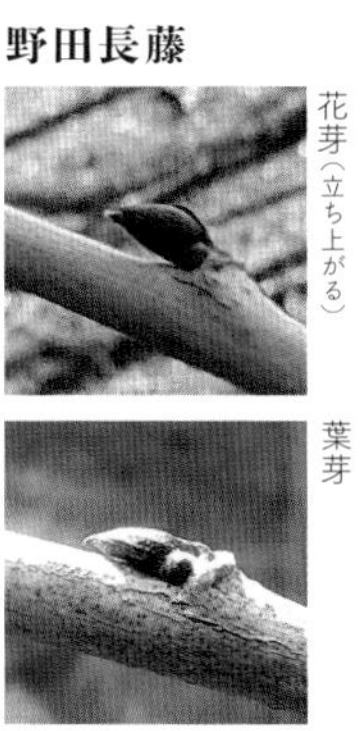

【図07】
1月頃の各園芸種の花芽と葉芽
(奈良万葉植物園にて、木多倫浩氏の協力を得て撮影)

冬の剪定後

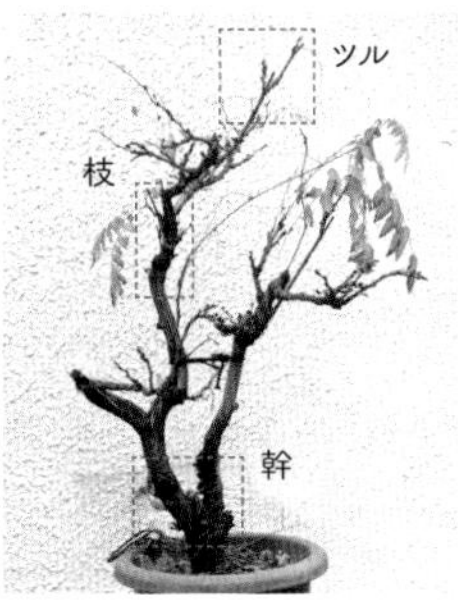

冬の剪定前の幹・枝・ツル

その後の剪定

棚仕立てのフジと比べた鉢植えのフジの剪定の留意点は以下の通りです。

- 目標の大きさになれば、改造、枝替え以外は前年の姿を保ち、それ以上大きくしないことです。あまり大きくなると邪魔になりますし、重くなり移動も困難になります。
- 花の咲いたときをイメージして、枝振り、模様を決めてください。

冬の花芽と葉芽の見分け方

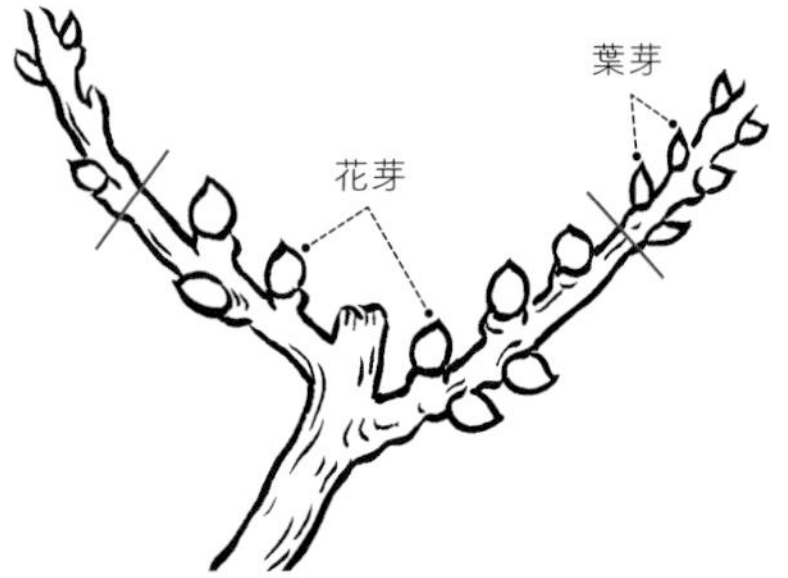

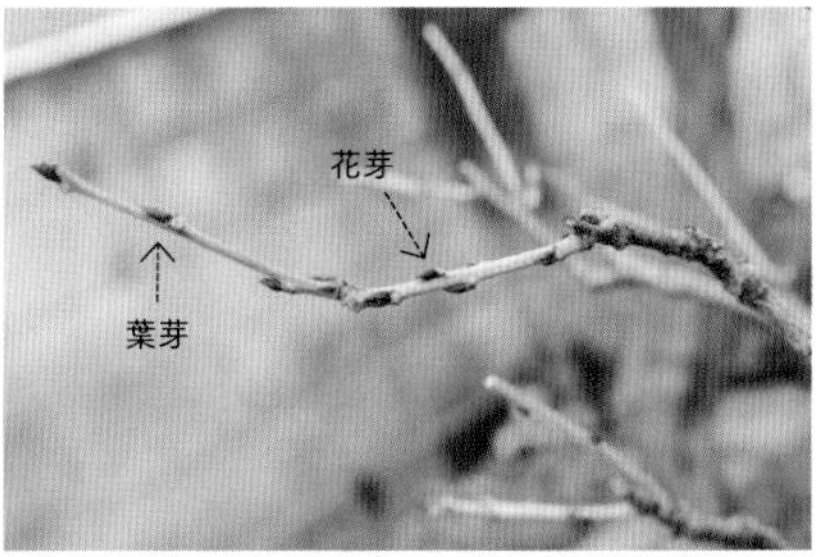

花芽を探します。先端がツルから少し浮いています

花芽を残し葉芽を切り落とします

三月につぼみが膨らみ始めたら、もう一度葉芽を落としましょう。

・花前の剪定は花芽の発育を見てから、葉芽、つぼみの整理を二~三回繰り返し行います。このとき、花芽優先で剪定します。

・花数を制限し、開花期間を短くすることで衰弱を抑えることができます。

・剪定の要は葉を透かして太陽の光が中まで通ること、風通しよくすることです。繰り返しになりますが、葉が混み合うと咲きません。

鉢植えのフジの仕立て方イメージ

何年か掛けて少しずつ理想の姿に近づけていきましょう。

(作画:のだふじの会　谷村裕治氏)

1.古木模様

2.自然形

3.文人木

4.半懸崖

5.懸崖

6.双幹

毎年の管理

肥料と置き場所

肥料

鉢植えのフジには肥料が必要です。

お礼肥と寒肥です。お礼肥（花が咲いたお礼という意味で「お礼肥」とよびます）は五月上旬〜中旬、寒肥は十二月〜一月に与えます。肥料の成分である窒素：リン酸：カリの割合は、四：六：一のように、リン酸が多めの配合肥料を少量与えます。鉢植えのフジは水やりが欠かせませんので、肥料は水とともに流れてしまいます。そのため、お礼肥・寒肥ともに二〜三回に分けて与えます。

ハイポネックスのような液肥、腐葉土、有機肥料、クン炭等も有効です。

マグァンプ-Kのような効果が持続する遅効性肥料は、初夏の花芽形成期や初春のつぼみが膨らむ頃まで肥料が残りますので、使わない方がよい。その理由は後述します。

フジに適した肥料の例

日当たりがよく、風通しのよい場所に置く

夏に暑いからと言って日陰に置いてはなりません。できるだけ日当たりのよい場所に置き、およそ十日毎に鉢を百八十度回してまんべんなく太陽の光を当てますと花つきがよくなります。混み合った場所に置くと、高温障害を受けやすく、虫もつきやすくなりますので避けましょう。

鉢植えの植え替え

年数がたつと、徐々に根が詰まり空気や水の通りが悪くなり、木が弱ってしまいます。三〜五年ごとに植え替えましょう。

植え替えには、冬の曇天の日が適しています。ひとまわり大きな鉢（これまで使っていた鉢より一号（直径三センチ）分大きい鉢）を使います（いきなり大きな鉢に移植しますと二〜三年間咲かなくなってしまいます）。鉢の底に穴がある場合は防虫ネットを入れ、固定用の針金を通しておきます。その上に、鉢底石を入れます。水はけをよくするためです。次いで、培養土を入れます。培養土は、赤玉土を主に、鹿沼土・培養土・腐葉土（堆肥）を混ぜてつくります。配合肥料は使いません。使用する土は、あらかじめ乾燥させておきましょう。

育ってからの植え替えと購入後の植え替えと違うところは、木が大きく

なっていること、根が強く張っていることです。そのために「根捌き」をします。根捌きとは、腐った根や余分な根を切って整理することです。

　フジが数年植えられていた鉢の中には根がいっぱい詰まっていますので、移植時に軽く部分的根捌きをします。次の年に花を咲かせる木、弱っている木は強い根捌きをしないでください。強く根捌きをした場合は、葉切りをして木の負担を軽くします。

　フジを鉢から取り出したら、まず状態を観察してください。根詰まり、根腐れ等の状態、今後の管理に留意して、根捌きの度合いを決めます。根捌き中は、根を傷めないよう注意しましょう。

　まず土を払います。根の状態を見て、下に向かっている根を残し、上に出ている根、横に巻いている根を切るのが原則です。腐った根も切ります。横に巻いている太い根の処理は、慎重に判断しましょう。残す根は切り戻し、整えます。切り口がささくれていると新しく出る根の発根が遅れるのできれいに切ります。最後に、根の乾燥を防ぐため水を噴霧し、新しい鉢に入れ、合わせておいた培養土を抄《す》き込んで固定します。このときは古い

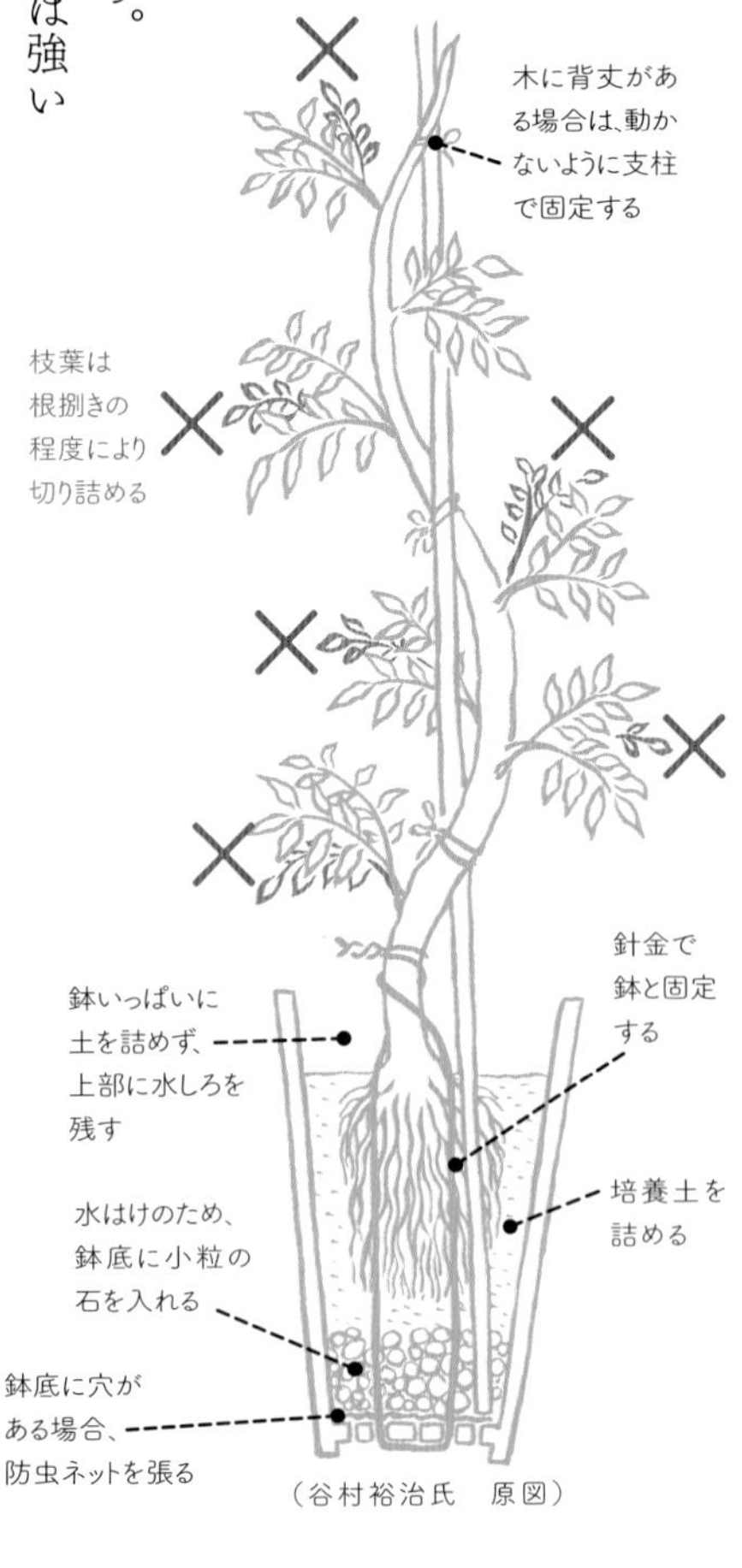

木に背丈がある場合は、動かないように支柱で固定する
枝葉は根捌きの程度により切り詰める
針金で鉢と固定する
鉢いっぱいに土を詰めず、上部に水しろを残す
培養土を詰める
水はけのため、鉢底に小粒の石を入れる
鉢底に穴がある場合、防虫ネットを張る

（谷村裕治氏　原図）

土を使わず、乾燥させておいた新しい土を使ってください。肥料は不要です。咲き出したらあげてください。

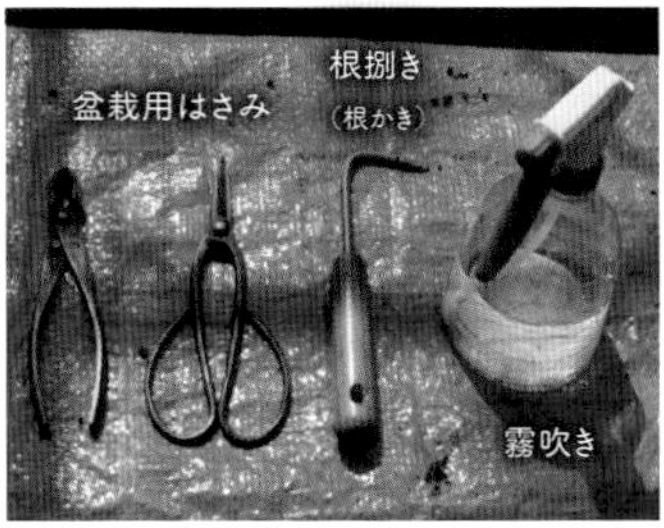

根捌（さば）きに使用する道具

鉢をはずしました。根がやや込んでいるのがわかります

不要な根を切っていきます

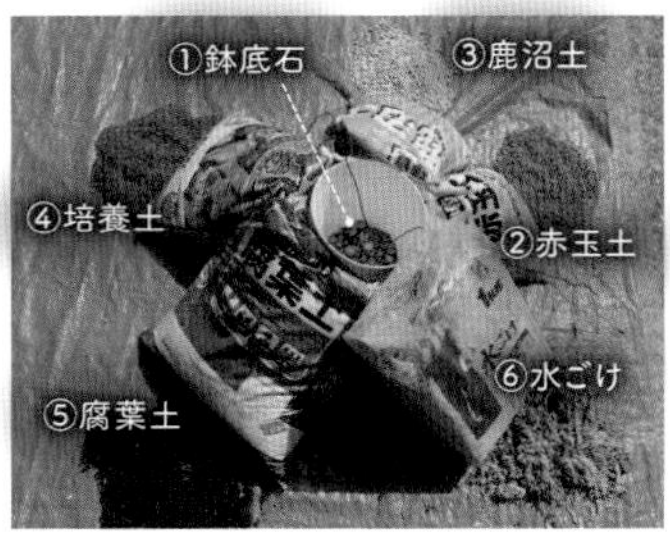

用土。①、②〜⑤を合わせた用土、⑥の順に詰めます

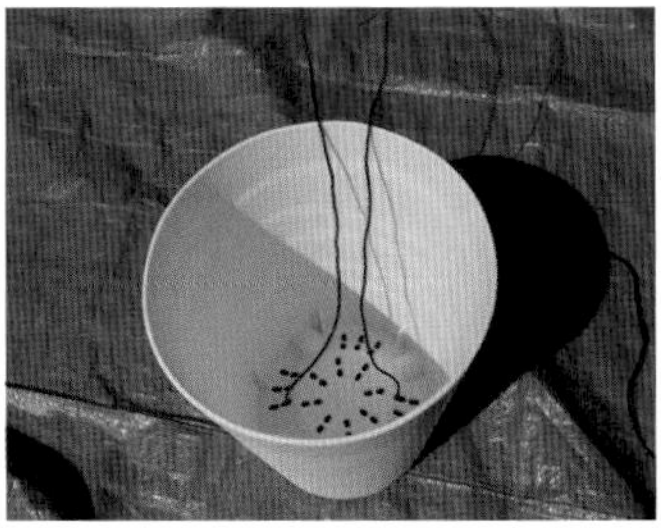
新しい鉢の底に針金を通しておきます。植えた後、支えに使います

根捌き後。太い根は下向きのものを残しています

鉢に入れ、すき間に土を抄き込んでいきます

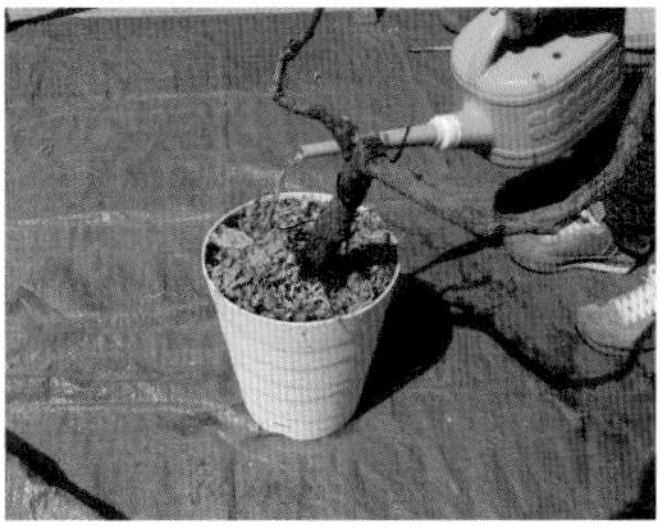
針金で鉢とフジの木を固定し、水ごけで覆い、水を与えます

二

チョイ植えのすすめ

「フジは藤棚に植える」のが常識ですが、そのためには広い土地もいりますし藤棚を作る費用もかかります。藤棚用の若木は、樹齢十年以下のヤマフジの若木にノダフジを接ぎ木したもので、市販されておらず、特注になるのでたいへん高価です。しかもそのフジが咲くまで数年かかりますし、ときには咲かないこともあります。

大阪市福島区は「のだふじの里」だけに、気軽にフジを育てている人も多く、町を歩くと至る所に鉢植えのフジが咲いています。中にはその鉢植えのフジを地中に埋め、ツルをフェンスや建物の壁に伝わらせたり、街路樹に絡ませたりしている人もいます。鉢植えのフジが、フェンスの側に放置され、いつの間にか根づいてしまったフジもあります。ガレージの隅に植えて数年でフェンスに絡まり、見事に咲き、藤名所になったところもあります。これらのフジは、わざわざ藤棚を作ったものではなく、構築物や樹木に絡まって咲いた「チョイ植えのフジ」なのです。

ヨーロッパの町を歩くと、田舎の町中のホテルの前、レストランの軒先

公園のイチョウに絡まって咲いている

ガレージのフェンスにも

玄関先に

から窓へ、公園の煉瓦塀の上などに、さりげなくフジが植えられている風景を目にします。ヨーロッパの人々は、日本人よりも気軽にフジを植えて楽しんでいるような印象を受けます。

イタリアの首都ローマは「フジの都」といわれるくらい市街にフジが多く、ある区域では戸毎にフジを植えているそうです。【資01】おそらく、古い石畳と建物の狭い隙間にフジが植えられているのでしょう。

オランダ王室のフェイスブックにご一家の写真の背景には階段の手すりに沿わせて咲くフジが写っていました。【資02】

フランス第二の都市でグルメの町・絹織物で栄えたリヨンのモンシャ（Montchat）地区には町の至る所

フランス、リヨンの町に咲くフジ

【資01】は資料として参照した文献を示しています。文献の情報は218~219頁にまとめました。

にフジが咲いています。しかし、藤棚は一つもありません。全部「チョイ植え」しているのです。ここではフジの季節には「フジ巡り」を行っており、大阪市福島区（二〇四頁）とよく似ています。

手軽にフジを楽しむには、このように発想を変えて、フェンスや塀など手近な構築物を利用して植えるのもよいでしょう。植えるフジは若木ではなく、咲いている鉢植えのフジを地植えするのです。一面に広がるには何年もかかると思われるでしょう。しかし、早ければ翌年、普通二～四年で一面に咲きます。ただし、コツはあります。次に、それを紹介しましょう。

チョイ植えのコツ

品種を選ぶ

このとき植える品種は、一歳フジ系、特に「野田一歳フジ（黒龍フジ）」がおすすめです。高温障害にも強く、花が短枝につきやすいので剪定しやすく、花房も六十センチ程度と、一歳フジとしては比較的長い品種です。他に鉢植えとして一般に市販されている品種不明のフジも咲きやすい品種です。ナガフジ系は成長が遅く、高温障害に弱く、お薦めできません。

なお、実生（種子）から育てると、開花するまで最低十二～十三年かかりますので、これもお薦めできません。

鉢のまま植えたフジがロープを伝ってベランダに伸び、翌春にはこんなに咲きました。ツルがひもに絡まっているのが見えています

プラスチックの鉢の底を割ってそのまま植えれば、根が次第に伸びて成長していきます

鉢のまま植える

あらかじめ植える周辺の土を一メートル四方程度掘り起こし、腐葉土・クン炭・赤玉土・鹿沼土などを土に混ぜて土壌改良をしておきます。肥料は使いません。そこに、使っていた植木鉢の底をノコギリで切り抜いてそのまま植えます。これは、鉢から出して植えると根がどんどん横に広がり、それにエネルギーが奪われるのを防ぐためです。鉢から出して植えると、開花まで数年かかることもあります。

ツルは一本、葉芽は二個だけ残す

苗木にすでに花芽がついている場合は、そのまま花を咲かせて楽しみます。花が終わるとツルがたくさん出てきますが、一本に間引きます。花芽がないフジの場合は、強い葉芽を二個だけ残しあとは切除します。こうして、木のもつエネルギーを一本のツルあるいは一個の芽に集中するのです。

散水を強化する

移植後半年間は、朝夕十分に散水する必要があります。タイマーと散水ホースをセットしておけば便利です。どちらもホームセンターで購入できます。

阪神野田駅前に鉢植えをチョイ植えし…

2年目には棚いっぱいに咲きました

散水ホースにタイマーをセットしておきます。散水ホースは、細かい孔があるホース。タイマーと組み合わせ、設定した時間に水やりができるシステムをつくっておくと便利です

ツルを誘引し、強いツルを育成する

前頁右下の写真二点は、それぞれ植えてから一年後（右）、二年後（左）の状態です。驚くほどの早さで成長し、しかも咲いていることがご理解いただけるでしょう。

コツは、ツルをシュロ縄に絡ませ、目的の場所に誘引している点です。フジのツルはつかまるものがあると伸びる速度が二倍になります。早春に地植えしますと、梅雨明けには先端（頂芽）はもう棚の上まで届いています。この間、側芽が二番ツルになることもありますが、早めに切除し、頂芽にエネルギーが集中するようにします。

棚の上に届く頃にはツルの力が衰えてきますので、少し伸ばしてから一度切り戻します。こうすると先端の側芽が強い二番ツルになります。二番ツルは二本以上発生することがありますが、その一本一本をそれぞれシュロ縄に絡ませ、丁寧に四方に誘引します。

ツルの伸びる速さを見てみてください。春から初夏にかけて、ツルは約一か月で二メートル伸びていることがわかります。

伸びたツルの先端から一メートルくらいで切り戻しますと、半月後には切り戻された箇所に近い側芽が数本の二番ツルになっています。この二番ツルを、放射状に丁寧に誘引しますと、翌年にはそれぞれが枝になります。この枝から発生するツルに花芽がつきやすいのです。

伸び始めのツル（5月22日）

1か月後のツル（6月25日）

先端から1メートルほどで切り戻しました

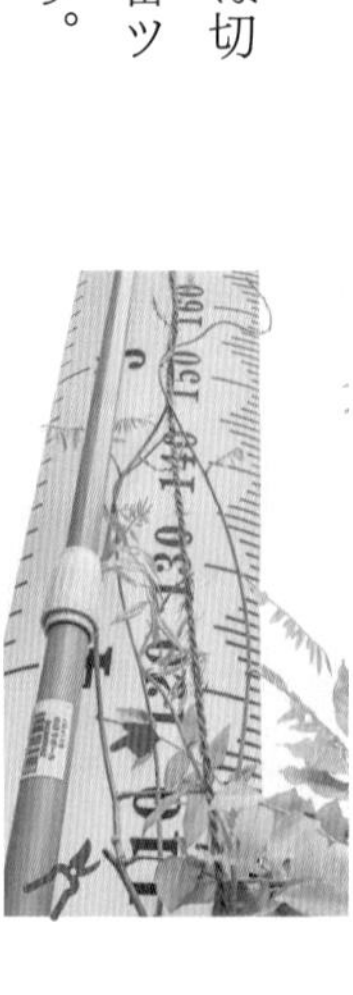

半月後には元気な二番ツルが発生（7月9日）

フジを殖やす—取り木法

自分のところで咲いたフジが美しいので、「もう一本増やしたい」と思う方もおられるでしょう。フジの増やし方には、「実生」、「挿し木」、「接ぎ木」、「取り木」があります。

しかし、実生から咲かせるには十数年かかります。挿し木・接ぎ木はかなり熟練が必要なうえに、開花まで三~五年かかります。その点、取り木は成功率も高く開花まで二~三年と早く、実用的です。また、殖やした株は元株のクローンなので、花などの性質が変化しないという利点があります。

取り木は、元株の枝の途中から根を出させ、株分けする方法です。フジでは、花後の五月上旬から六月上旬に行います。

①取り木する枝を探します

二~三年目の若い枝(木化し始めた枝)で、大人の指の太さくらいのものが、発根が活発で取り木に適しています。できるだけ、地面に対して垂直な部分を探します。

水苔でしっかり巻き、ポリ袋をかぶせます

若い枝の樹皮をはぎとります

②芽の下あたりの部分の皮を剝ぎ取ります

作業中に乾燥しないよう、霧吹きで枝を湿らせてから作業します。

まず、芽の下の枝を片刃のナイフで軽く切り回し、樹皮に切れ込みを入れます。

次に、枝の直径の1・2倍~1・5倍程度下がった部分に、同じように切れ込みを入れます。切れ込みの間の樹皮を丁寧に剝がします。薄皮を少しでも残しますと発根が悪いので、確実に剝ぎ取ります。

③皮を剝いだ部分を保湿します

皮の下の材が露出した部分を十分湿らせた水苔でしっかり巻き、それをポリ袋で包み、ポリ袋の上下と周囲を紐でしっかり縛って水分の蒸発を防ぎます。

取り木した枝に葉が多いときは、整枝、葉刈りをして取り木の負担を軽くします。

④水切れのないように管理します

水切れ厳禁です。常に水苔に湿り気を維持できるよう

ポリ袋の上下はしっかり縛る。水苔が常に湿っているよう、給水はたっぷりと

に、給水はたっぷりと、十日に一度程度行います。高温になると雑菌が繁殖するので、直射日光が当たらないよう気をつけます。

一か月ほどして、樹皮を剥いだ部分の上の芽が動き出せば発根が始まります。水苔の隙間から新根が見えるようになれば、新しい株を別の鉢に植える「鉢上げ」も間近です。

⑤いよいよ「鉢上げ」です

鉢上げは、九月末〜十月に行います。

水苔を巻いた部分の少し下を剪定ハサミで切り取り、ポリ袋を外して、水苔をつけたまま新しい鉢に移植します。このとき、新根には絶対に触らないこと。

移植後は必ず支柱を立てて固定し、水をたっぷり与えます。新芽が元気よくたくさん出てくるまでは、肥料は絶対に与えてはいけません。

取り木は、鉢植えのフジでも地植えのフジでもできますが、取るのは一本の枝から一年に一本が目安です。

三

棚仕立てのフジを咲かせるための管理技術

日本の伝統的なフジの管理技術

各地のフジの名所でよく見かける広大な藤棚のフジはどのように咲かせているのでしょうか？　フジの咲かせ方の基本を「盆養藤入門」で示しました。棚仕立てのフジの管理には、それと共通した部分もありますが、少し異なる部分もあります。

フジを咲かせる基本は、「水」と「太陽」と「剪定」です。「肥料」はなくてもよいというわけではありませんが、重要度は高くありません。またフジは土壌をあまり選びませんので、粘土質の土以外ならどこにでも植えることができます。

以下、棚作りのフジを中心にフジの管理について、「咲かせる」という見地からまとめました。

冬の剪定前の藤棚。葉が落ちるとツルが長く伸びているのがわかります。毎年剪定していても、一夏越えるとこれだけのツルが伸びます（葛井寺　撮影：のだふじの会　故 渡辺宏氏）。

水と太陽

フジは水と太陽を好む花木です。しかし、地植えのフジはあまり水をやる必要はないとされています。水をやりすぎると葉ばかり茂り、花芽がつきにくいのです。一般には、週一回程度または夏中に二〜三回冠水するほど多量の水を撒く程度で済ませているところが多いようです。しかし、のちに述べるように、高温障害を受ける地方や、土質によっては散水を強化する必要があります。

フジを咲かせるには、太陽の光がよく当たる場所でなければなりません。日当たりの悪い場所に植えられたフジを咲かせるのは、まず無理と考えてください。

冬の剪定

一般には冬に一回剪定をするだけで、あとは自然に任せているところが多いようです。冬の剪定は、

①春に強いツルを発生させる。
②花房を長くする。
③弱った枝、古い短枝を切り除く。
④樹形を整える

のが主な目的です。

右の藤棚で冬の剪定が終わった後のようす。花芽を残し、葉芽を切り取ってあります（葛井寺　撮影：のだふじの会　故 渡辺宏氏）。

花芽を残して葉芽をほぼすべて切除します。また弱い花芽を取り除き、強い花芽のみ残します。あとは花芽優先しながら、弱った枝を切除し、樹形を整えます。鉢植えのフジと作業は同じですが、藤棚が広くまた高い場所にあるため、脚立に登る、さらに棚の上に登るなど、作業に危険を伴いますので、細心の注意が必要です。

花殻落としと「透かし剪定」

四月末～五月初め、花が咲き終わったらそのまま放置せず、必ず花殻摘みをします。盆養藤の項目でも述べましたが、このとき、花のつけ根付近の新芽は絶対に切らないように注意してください。この新芽は翌年の花芽になります。

ツルがたくさん発生している場合は、花殻摘みに合わせて、太陽の光を内部まで入れるため「透かし剪定」をします。同じ場所から何本も伸びている混み合ったツルは、一本を残して間引きます。

また下に伸びている枝やツル、木の内側に向かっている枝やツルも切除します。棚の空いているところがあれば、強いツルをそこに引っ張っていき、空間を埋めます。下から見てまんべんなくツルが棚を覆っていることを確認します。空が見える程度に、透かしておくことが肝要です。

ただし、その年、花がたくさん咲いたフジはツルがあまり出てきません

初夏にたくさんの花が咲きます（葛井寺）。

ので、この作業は省略できます。

肥料

肥料は、花が終わったあとのお礼肥と冬の寒肥です。いずれも油粕と骨粉など、リン酸分が多い肥料を、成長度合いに応じて量を調節しますが、普通少なめに与えます。木のまわりに一メートル間隔程度に小さな穴を数か所掘り、一か所あたりひとつまみ程度から両手のひらにのる程度与えます。油カスを多く与えますと葉ばかりが茂り花芽がつきません。

フジは肥料を好む植物で、肥料をいくらやってもよいという人もいますが、それは鉢植えのフジの経験から来ています。鉢植えのフジは、始終散水しますので、肥料が流失しやすく、多めに与える必要があるからです。

また底肥を多量に入れたために、いくら手入れしても咲かないフジがあります。地植えのフジは肥料を少なめに与えるのが肝要です。

散水

フジ名所のフジの多くは、真夏に二~三回、冠水するほど多量の水を与え、あとはそのままというところが多いようです。これは地下水脈に近いところに育っていることが多いことにも関係しています。

筆者が知る限り、牛島の大藤、熊野の長藤、山崎大歳神社の千年藤、丹波の白毫寺、葛井寺のフジは、花後の透かし剪定・初夏の剪定もしないか軽くにとどめ、冬の剪定と花後の花殻落とし、季節毎の軽い施肥、真夏の一～二回の散水だけで毎年咲かせています。これが日本の伝統的なフジの管理方法で、他にもそれに従っているところは多いと思われます。気候が温和な地域のフジ、あるいはこのやり方で咲いている場合はこの方法でよいでしょう。

しかし、「より多くの花を毎年安定的に咲かせたい」と考えられる方、気候が温暖化傾向にあるため高温障害を受け、伝統的な管理方法では咲きにくくなった場合は、「進化したフジの管理技術」を試みてください。

COLUMUN

丹波・白毫寺のフジ

天台宗五大山・白毫《びゃくごう》寺は、慶雲二（七〇五）年、法道仙人により開基された古刹です。本尊は天竺から伝えられたという薬師瑠璃光如来（秘仏）です。眉間の白毫から神々しく瑞光を放っていたので、「白毫寺」と名付けられたと伝わります。ここは有名な藤名所でもあります。

天台宗の荘厳な寺院に隣接する広大な広場を囲むように設けられた全長百二十メートル、幅九メートルの藤棚に、花房が百五十センチ以上長くなる「九尺フジ」が一面に植えられており、五月

白毫寺のフジ

初旬から中旬にかけて咲きます。風に揺れる長いフジが、前述のような簡単な手入れで咲いているのが不思議です。

フジに囲まれた広場には、イスやテーブルが設けられ、訪れた人々がゆっくりとくつろぐ姿が見かけられます。これも「気軽に親しみを持って参拝できる雰囲気に」と、先代住職の気配りのようです。

藤見のあとは、「心」の字を型どった「心字池」や「太鼓橋」を経て、石仏が群れる寺域まで足を伸ばし、きらびやかなフジの風景と対照的な古刹・白毫寺を訪れてみましょう。薬師堂を経て山門に至る密教寺院の森厳さに触れることができます。

【所在地】兵庫県丹波市市島町白毫寺七〇九
【アクセス】JR福知山線「市島駅」下車。
タクシーで八分。
舞鶴若狭自動車道「春日I・C」より
福知山方面へ車十分。

○進歩するフジの管理技術

花芽を多く作るための初夏の剪定

前述のように、伝統的な植木職人は、一般に夏には剪定しません。初夏にはすでに花芽ができており、邪魔だからといってツルを切ると花芽も一緒に切ってしまうおそれがあるためです。

しかし最近は、六月下旬~七月上旬にかけて、軽く剪定するところが増えてきました。目的は花芽をたくさんつけるためで、比較的新しいフジの剪定技術です。その手順をご紹介します。

①弱いツル・強すぎるツルを選んで、三割~四割程度を間引く。その年よく咲いたフジはツルがあまり伸びてこないので、間引く割合は少なく、逆にあまり咲かなかったフジはツルがたくさん伸びるので、半分程度間引く。

• 強いツルとは、やや太めで葉と葉の間隔が狭いツルで、これは根元近くから切り落とす。

剪定前後の藤棚を下から見上げて比較してみました。
剪定前の藤棚(右)はびっしりと茂り、空はほとんど見えません。
剪定後(左)は古枝、中くらいの枝、細い枝がバランスよく残っている状態になり、こぼれ陽が見えるくらいになります

・弱いツルとは、やや細めで葉と葉の間隔が長いツルで、これも根元近くから切り落とす。
・中くらいの強さのツルのみを残す。
残す割合はツル全体の四〜六割が目安です。
② 残したツルは、五十センチ（五芽）から八十センチ（八芽）で切り戻します。その年よく咲いたフジは、前述したようにツルが少なく、これは短めに切り戻します。その年あまり咲かなかったフジのツルは多く、これは長めにツルを残します。太陽の光が内部までよく届くよう、ツルが混み合わないように保つと花つきがよくなります。こうすると梅雨明け頃から七月末にかけて、ツルのつけ根付近の側芽が花芽に転化していきます。
③ 古い短枝、弱っている短枝は切り取ります。元気な短枝は梅雨明け頃には短花枝になっています。
④ 内側に伸びる「ふところ枝」や、内側に伸びるツルには太陽が当たらず花芽はつかないので根元近くで切除します。
⑤ 徒長枝は木の状態を見て、枝に使いたい場合は二〜三本残し、その他はすべて根元近くで切ります。
⑥ ヤゴ、ひこばえは、枝として使いたい場合以外は、つけ根から切除します。【図01】

【図01】ヤゴ、ひこばえはつけ根から切ってしまいます。

短枝と短花枝

花後にできる花芽。短枝になる

フジは、花がついていた枝（花序柄）のつけ根付近の側芽の大部分は、花が落ちた後の六月頃には花芽になっています。この部分は翌年には短枝になり、たいてい花が咲きます。このように花をつける短枝を、この本では短花枝と呼んでいます。

まれに短枝から新しいツルが伸びてくることがありますが、それはつけ根から二芽残して早めに切除します。放置するとツルに養分が奪われ咲きにくくなるからです。また、短枝は三年以上経つと次第に弱ってくるので、三回目の花のあとに切除します。

品種との関係でいえば、「九尺フジ」、「六尺フジ」など長藤系は、ツルにも短枝にも花はつきますが、どちらかといえばツルにつくことが多いようです。一方、「野田一歳フジ（黒龍フジ）」は短枝に花芽がつきやすい品種です。鉢植えのフジは、木を大きくしないようツルを剪定するので、ツルが残りにくく、必然的に短花枝に花がつきやすいようです。

短花枝を人工的に作ることもできます。五月に元気なツルが伸びてきたら、葉芽を二つ残して切ります。三〜四週間すると先端の側芽がツルになるので、これもまた二芽残して切ります。これを繰り返していると、八月頃にはここが短花枝になり花芽がついてきます。この方法は鉢植えのフジに適します。

花芽をより多く作るための花後の剪定

ここまでで紹介したように、春にはまだツルが十分成熟していないので、初夏まで待ってから剪定するのがよいとされています。しかし、次のよう

棚仕立てのフジの剪定

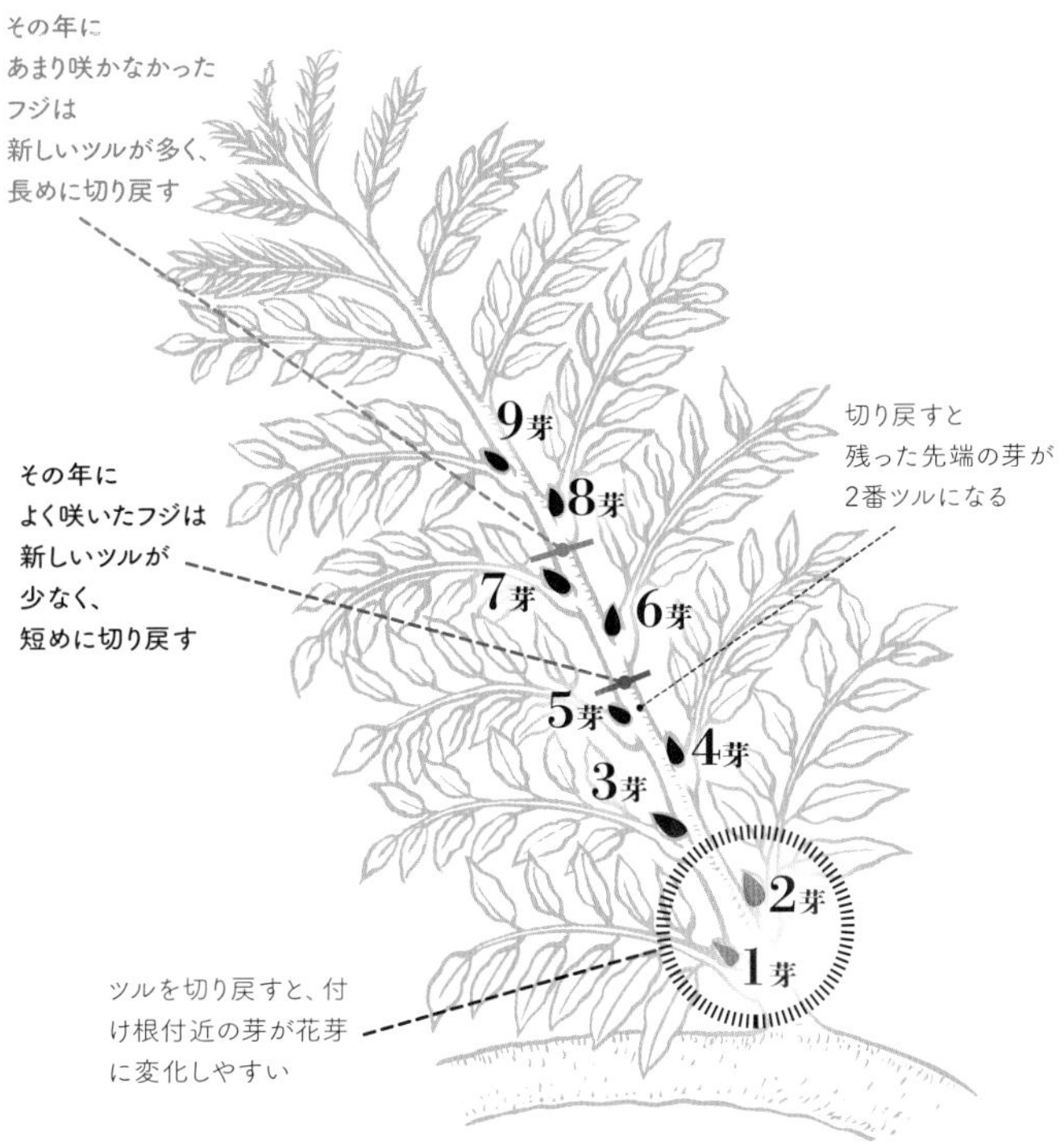
その年に
あまり咲かなかった
フジは
新しいツルが多く、
長めに切り戻す
その年に
よく咲いたフジは
新しいツルが
少なく、
短めに切り戻す
切り戻すと
残った先端の芽が
2番ツルになる
9芽
8芽
7芽
6芽
5芽
4芽
3芽
2芽
1芽
ツルを切り戻すと、付
け根付近の芽が花芽
に変化しやすい

棚仕立ての場合は、いちいち脚立に登らねばならず、作業が大変です。人為的に作らず放っておいても自然に短枝ができますので、それで十分です。

黒龍フジの花芽と短花枝

な方法が一部園芸家の間で試みられています。

春に花殻摘みをしたあとには、すでに新しいツルがたくさん伸びています。このツルに花芽がつきやすいのです。五月に透かし剪定をしながら、残ったツルを五十〜六十センチ位（五〜六芽程度残す）で切り戻します。

こうすると、ツルの先端の葉芽が二番ツルになります。【図02】二番ツルから十分な養分をもらって一番ツルは着実に充実し、大部分の側芽は梅雨明け頃には花芽になっています。二番ツルには花芽はできません。

この剪定方法は、二番ツルは養分を作りそれを一番ツルに与える、養分をもらった一番ツルは花芽を作る、というように、一番ツルと二番ツルに役割分担をさせているので、合理的と考えられます。また一番ツルのみに花芽ができますので、このことを理解していれば、冬の剪定において、花芽を切除する心配は少なくなります。

新たに発生する二番ツルは、夏から秋の剪定で鉛筆一本分くらいの長さ〜五十センチ程度残して切り戻します。夏の終わり頃には一番ツルの表面は軽く木質化が始まっており、翌年には花を咲かせるとともに強い枝に成長しています。この新しい剪定方法は、晩春から初夏にかけて気温が比較的高い地方で有効と考えられます。

花が咲いた後、花房のつけ根に花芽ができます。

【図02】「九尺フジ」の一番ツルについた花芽（右）と二番ツルについた（葉芽）。芽の脇にはふつう葉がありますが、この写真では芽を見やすくするために取り除きました（撮影／万葉植物園 木多倫浩氏）

フジの高温障害対策

南国土佐の四万十市の一条神社には三百年間「咲かずの藤」があります。また台湾ではフジは生育していますが咲きません。【資03】夏の気温が高い地域だからです。フジには「高温障害」があり、夏の気温が異常に上昇すると、せっかくできた花芽がダメージを受けます。

高温障害は、フジに限らず稲や大豆などの農作物でも一般的に見られる現象で、稲の場合、三十五度以上の高温が続くと不稔（種子ができなくなる）が発生しやすくなります。

花芽形成や花芽の成長にはさまざまな酵素が働いていますが、酵素はタンパク質でできており、高温に弱く温度が高くなると変性して働きを失ってしまいます。【資04】フジは、葉や葉芽に比べ花芽の酵素の方が熱に弱く、猛暑に襲われると真っ先にダメージを受けると思われます。この高温障害はノダフジ系に顕著で、ヤマフジ系は高温障害を受けにくく、また同じノダフジ系でも「野田一歳フジ」は高温障害に強く、長藤系は弱い傾向にあります。

このフジの高温障害は福島区のフジを管理していて気づいた現象ですが、近隣の藤名所でも同じようなことが起こっていますので、都市部に限った現象ではありません。近年の地球温暖化で、フジが高温障害を受ける北限が徐々に北上しているのです。

一般に植物は、葉温が高くなりそうになると、必死で葉の表面から水を蒸発させ、水の気化熱で葉温を保とうとします。もちろんフジもそうです。ゆえにフジの高温対策で最も大切なことは撒水強化です。従来の「地植えのフジはあまり水をやらなくてもよい」【資05】という常識は、夏の気温が高い地方では通用しません。

対策① 撒水強化

「高温障害」を受ける場合は週一回程度の散水では水涸れを起こします。水涸れを起こすと真っ先に花芽がダメージを受け、次いで葉芽が、さらに葉がしおれてきます。フジは、水涸れを起こしても、木自体が枯死することはまずありませんが、翌年花が咲かなくなります。

従って高温障害を受ける地方では、雨の降らない夏場は散水を強化する必要があります。自動散水機やスプリンクラーも大変有効です。訪問客向け暑さ対策としてドライミスト【図03】を設置したところ、フジにも効果があったというところもあります。ドライミストを使う場合は、ミストが芽に直接当たらないよう、噴出口を下向けに取りつけます。ミストが花芽に直接当たると、花芽がダメージを受け翌年咲かなくなります。

また真砂《まさ》土※など乾燥しやすい土壌の場合は、夏ばかりでなく春や秋に

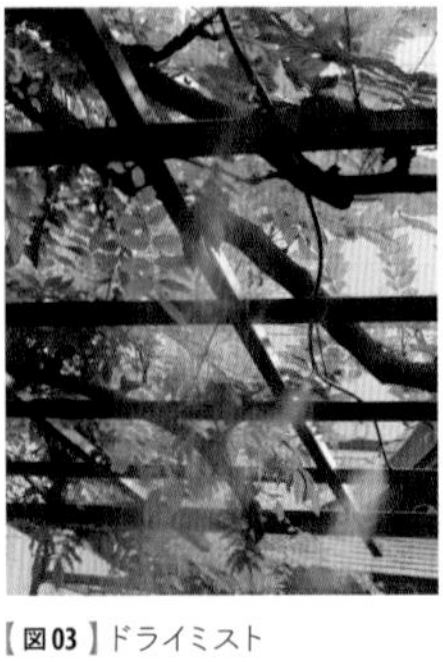
【図03】ドライミスト

※真砂土は花崗岩が風化してできた土で、養分を含みません。保水力もほとんどありません。粘土はたいへん細かい岩石の粒子からなる土で、細かいために通気性や透水性は極めて低く、やはりフジには適しません。

も水涸れを起こすことがありますので、表土が乾いたときは散水します。

対策② 地表からの水の蒸発防止

土の保水性を高めるために、腐葉土・鹿沼土などを多量に埋め込み、土壌改良をします。さらに表土からの水の蒸発防止対策として、ワラや腐葉土で覆い、水の蒸発を抑えます。コケや背の低い雑草は抜かずに放置しておきます。雑草やコケに養分を取られるのでこれらを取り除きたくなりますが、我慢して残します。

対策③ 真夏の「追い剪定」

フジのツルは春から初夏に発生しますが、「高温障害」を受けた場合は、どうしても散水を強化しますので、七〜八月になっても新しいツルがどんどん発生します。このツルには花芽はつきません。そればかりか、体温調節のためにより多くの水を必要としますので、フジにとって負担が重くなります。またツルが混み合ってくると風通しが悪くなり、高温障害を加速させます。真夏に新たに発生するツルは、姿を整える枝として使わない限り切除します。このとき、春から残してある、すでに花芽ができたツルまで切ってしまわないように注意してください。

秋以降は、通行の邪魔になる、構築物に絡まるなどの場合を除いて、そのまま冬まで切らずにおきます。放置すると見苦しいからと、落葉を待たずにツルを切る人もいますが、秋から冬にかけてはツルが伸び放題なのが正しい管理方法です。

COLUMUN

世界遺産・宇治平等院のフジ

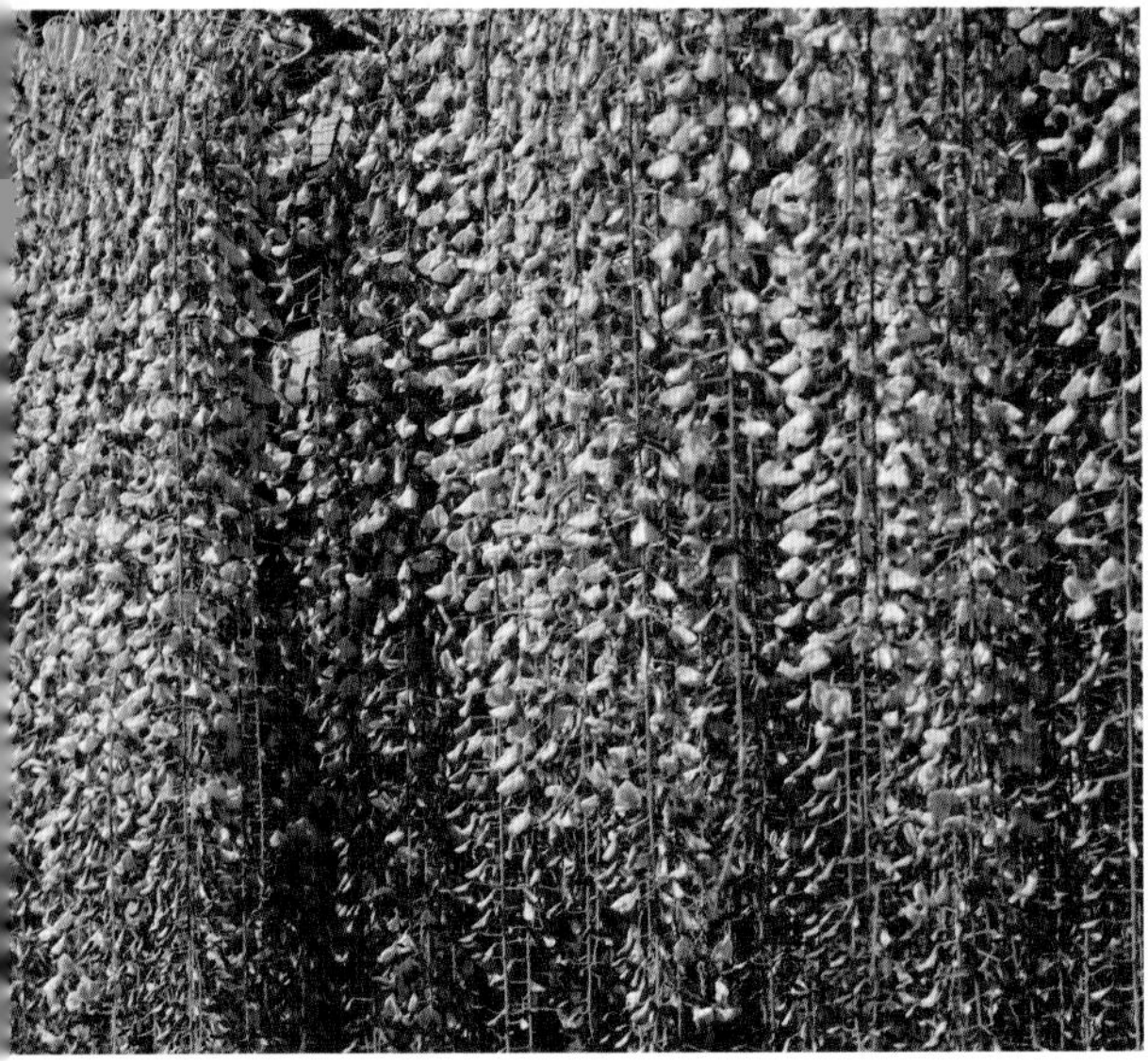

国宝・鳳凰堂で世界的に有名な平等院は、藤原氏ゆかりの仏教寺院です。ここは普段から観光客が多いのですが、特にフジの季節には見物客であふれかえります。鳳凰堂の前の池の側に、樹齢二百八十年といわれる「野田長藤」が四本、それとは別に入口近くの藤棚には、白と紫の「カピタン」各一本と「六尺フジ」が一本植えられています。特に池の側のフジは、背景の朱色の鳳凰堂とのコンビネーションが素晴らしい。関西を代表する美しいフジです。

鳳凰堂とフジを同時に撮影できる絶景ポイ

平等院の観光客用ドライミスト。高温障害対策にもなっている

地表からの蒸発を防ぐためドクダミを残している

ントがありますが、人が多いので早朝に行くのがお薦めです。

　ここでは次のような高温障害対策をとっています。夏期は、ドリップタイプの灌水ホースを使って散水し、水の蒸発防止のため下生えのドクダミは切らずに残しています。また観光客用に設置したドライミストも高温障害対策に効果を発揮しています。八月には伸びるツルをもう一度「追い剪定」します。市販のバラ用の肥料を少量与えるにとどめ、フジの落ち葉を発酵させ腐葉土として再利用しています。市販の腐葉土は化学薬品が含まれているため使いません。

【所在地】京都府宇治市宇治蓮華一一六
【アクセス】京阪宇治線「宇治駅」から徒歩十分
JR奈良線「宇治駅」から徒歩十分

◯都会のフジを咲かせよう

藤棚の「大掃除」

時折、公園、学校の校庭、神社の境内など立派な藤棚に植えられたフジを見かけます。それらのフジは、長年手入れされないまま、咲かずに放置されていることが多く、ツルは伸び放題、徒長枝が支柱やワイヤーに絡まって勢いよく伸びています。棚の上に二重三重にツルが重なって繁っています。住んでいる地域だから、あるいは自分が卒業した小学校だから「これを咲かせてみたい」と思う人がおられますが、どこから手をつけていいかわからないと思います。

これらのフジの場合、まず藤棚の「大掃除」から始めます。繁茂しすぎたフジのツルや枝の切除のことです。この作業は、冬期に根が寝ている間、または花が終わって新芽が出たあとに、次の手順で強剪定します。

長年放置されていたフジ(阪神野田駅前)。18-19頁の写真と同じ藤棚

「強剪定」とは、五百円玉の直径より太い枝を切る剪定を言います。

①交差している枝、重なっている枝、絡まり合っているツル、幹から派生している萌芽、棚の下に繋っているツルを切除します。つけ根付近で交差している枝を切れば、当然その先の枝もなくなります。こうしますと山のように廃材が出てきます。藤棚はほぼ丸坊主になります。

②二重三重に折り重なったツルは、できれば下のツルから切除し、上のツルを残します。下のツルは、台木から発生した萌芽が成長して枝になったものかもしれないからです。通常、藤棚にするフジには、ヤマフジの台木にノダフジを接ぎ木したものが使われています。そのため、長年放置された棚では、台木から伸びたヤマフジが、ノダフジを徐々に駆逐してしまっていることがあるからです。

③残った枝・ツルは棚の上に広げてシュロ縄で固定しておきます。長年放置されたフジは、エネルギーをため込んでいますので、強剪定して太陽が芽によく届くようになると、蓄積したエネルギーを一気に放出します。ツルははじけるようによく伸びます。多くの場合、その年の夏にはもう藤棚いっぱいに葉が茂り、樹勢はすっかり回復します。こ

強剪定前

スーパー強剪定後の状態

うして下準備をしたうえで、通常の手入れをすれば、たいていは翌年から咲き始めます（二〜三年待たないと咲かないフジもあります）。

④それでも咲かないフジがあります。そのようなフジは思い切って「スーパー強剪定」をします。約五センチより太い枝を全部切除し、細い枝のみを残します。太い枝の切り口には、樹木保護剤（キニヌール）を塗布しておきます。残った枝は棚の上にまんべんなく誘引し、シュロ縄で固定しておきます。

COLUMUN

大分県中津市 田尻緑地公園のフジ

田尻緑地公園のフジ（提供：中津沖代ライオンズクラブ）

大分県中津市の、中津港近くの田尻緑地公園には長さ百メートル近いフジ棚があり、毎年四月末に「中津みなとふじまつり」が開催されます。メイン・イベントは市民グループや子どもたちによる踊りや音楽、伝統芸能のステージと、「中津沖代ライオンズクラブ」メンバーが中津名物の唐揚げや焼き鳥、うどんなどの店を出す「美味いもん市」もあります。

ここのフジは「大阪福島ライオンズクラブ」が寄贈※し、毎年よく咲いていましたが、２０１８年、咲きが悪くなりました。筆者は同クラブの依頼を受けてこのフジ

の再生方法を指導しました。咲きにくくなった原因は「植えすぎ」と「繁りすぎ」で、フジの木の本数を半分に減らし「フジ棚の大掃除」をするだけで、翌年から再びよく咲くようになり大変喜ばれました。この作業でトラック三台分の廃材が出たそうです。

【所在地】大分県中津市大字田尻2820-24
【アクセス】JR日豊本線「東中津駅」から2キロ
駐車場あり

※明治時代の啓蒙思想家・福沢諭吉は、現在の福島区にあった中津藩蔵屋敷に生まれました。これがご縁で、両ライオンズクラブは姉妹提携しています。

植栽環境と咲きやすいフジ・咲きにくいフジ

一般に名所の藤は、恵まれた自然環境でのびのびと育てられています。

しかし都会のフジはさまざまな制約のもとに植えられており、植栽環境や樹齢（ここでは移植してからの年数）、藤棚面積によって、咲きやすいフジ・咲きにくいフジがあります。そのクセを理解したうえで管理しますと、開花に至る年数を短縮できますし、本来しなくてもいい作業を最小限に抑えられます。

フジの咲きやすさを決める三つの要素

同じように藤棚の「大掃除」をしても、咲きやすいフジと咲きにくいフジがあります。

その差は、

①前年に少しでも咲いていたか、

②藤棚の面積が広いか、

③木が若いか成熟しているか、

の三つの要素が関係しています。

咲きやすいフジ
前の年に少しでも咲いているフジの場合、前述の「藤棚の大掃除」をしたうえで季節毎の手入れをすれば一〜二年でたいていきれいに咲きます。

比較的
咲きやすいフジ
一度も咲いたことのないフジでも、藤棚の面積が広め（三十〜五十平方メートル以上）の場合は、二〜三年手入れをすればたいてい咲きます。

咲きにくいフジ
藤棚が狭く、長年咲いたことのないフジは強剪定を繰り返してもなかなか咲きません。このような場合は、「急がば回れ」のことわざ通り、鉢植えのフジをその藤棚に「チョイ植え」した方が手っ取り早いです。咲きにくいフジでも十年くらい根気よく手入れすると咲くこともあります。

咲きやすい若木のフジ・咲きにくい壮年期のフジ

移植して間もないフジに比べて、根をしっかり張った壮年期のフジの方がよく咲くと思われるかも知れません。ところが、都会でよく見かける一歳フジ系のフジは、その逆なのです。

小さな手作りの藤棚に、鉢植えのフジをチョイ地植えしたところ、その

【図04】若木のフジは咲きやすい。大阪福島税務署の庭にチョイ植えされた株

年のうちにツルは棚に達し、翌年から開花し始めました。【図04】

一方、移植されてから十数年間経過した「壮年期のフジ」は咲かせにくい傾向にあります。下の写真のフジは手入れし始めてから三〜四年後に咲き始めましたが、ヤマフジに祖先帰りしていました。【図05】台木から発生したひこばえが、接ぎ木されたノダフジを駆逐しヤマフジになっていたのです。ヤマフジはノダフジに比べて高温に強く、手入れを怠るとノダフジはヤマフジに負けますので気をつけましょう。

生命の危険を感じたフジは毎年よく咲く

ど根性フジ【図06】

鉢植えのフジを路端のコンクリートの上に放置して、手入れしない人もいます。放置されたフジの中には、長年のうちにコンクリートのすきまから細根を地下深く潜り込ませ、ついに水脈に達するものもあります。これらのフジは撒水や剪定など日常的な手入れをほとんどしなくても生きているばかりでなく、不思議なことに毎年開花します。フジは「もう生きられない」と生命の危機を感じたとき、子孫を残そうとして花を咲かせるのです。

【図06】町を彩るど根性フジ。小さな鉢から大きく広がっています。

【図05】ヤマフジに「先祖返り」したフジ。花房が短かくなってしまった。

絞め殺しのフジ・良性のコブのあるフジ

左下のフジは、イチョウの木に絡まりついて咲いています。【図08】よく見るとフジの幹が互いに巻きつき合っていることがわかります。長年の間、手入れされずに放置されたフジどうしが絡まり、「絞め殺し」状態になっているのです。このフジは樹高が高く手入れできませんが、少量の肥料をやるだけで毎年よく咲きます。

良性のコブ【図07】は、長年放置されたフジにまれに発生します。ツルどうしが絡まりながら成長しますと、その部分が癒着し養分が根に戻れなくなり、コブの中に蓄えられます。養分が戻れないのでコブより下の幹は徐々に細くなりますが、生命力が強いフジはなかなか枯れることなく、毎年のように花が咲きます。

これらのフジの木は、そのたくましい生命力を示すとともに、「どうすればフジが咲きやすいか」を私たちに教えてくれています。フジを安定的に咲かせるには「根を動かさないこと」が大切です。鉢植えのフジを長年育てている人

【図08】イチョウの木に絡まった「絞め殺し」のフジ。毎年よく咲いています

【図07】良性のコブ

は、「根が緩むと咲かない」といういい方をしますが、地植えのフジも同じです。

このことを理解していれば、いろいろな場面で、どうすれば咲くか、なぜ咲かないかがわかってきます。

「根が緩む」原因は色々あります。特に、花芽形成期（花成期、六月末〜七月）に肥料や水のやりすぎ、つぼみ形成期（二〜三月頃）の肥料や水のやりすぎにより根は緩みやすくなります。「根が緩む」＝「根が動き出す」とその方に養分を取られ、花芽が弱るのです。

「巨大な鉢植え」状態のフジは咲きやすい

都会には、一見「地植え」のように見えますが、周囲と底面がコンクリートで囲まれた「巨大な鉢植え」状態のフジがあります。【図09】建物の付属物として作られた植栽用の空き地、道路の脇に作られた植採用の緑地などです。フジに気の毒な感じで、窮屈で咲きにくいと思われるでしょうが、実はこのようなところに植えられたフジは、比較的安定的に咲きます。

周囲のコンクリートによって根の伸張が制約されているため、「根が緩まない」からです。水はけが心配ですが、今までのところ特に問題はないようです。

【図09】「巨大な鉢植え」状態になっているフジ

毎年よく咲く
「巨大な鉢植え」状態になっているフジ
あまり咲かない年もある「真の地植え」になっているフジ

夜間照明が強いフジは咲かない

都会では繁華街に植えられ、イルミネーションされているフジもあります。【図10】また防犯灯が藤棚の両脇につけられていることもあります。防犯灯の近くやイルミネーションされたフジはいくら手入れしても咲きません。フジは夜間の暗闇の時間変化を感知して花成のタイミングを計っているので、夜中煌々と光を当て続けられますと、いつ花芽を作ったら良いのかわからないので、花成しないのです。写真に示したフジはイルミネーションされています。移植前、造園業者に大丈夫かと確認したところ、「夜も光が当たるのでよく成長する」といわれたそうです。プロの中にもかなりいい加減な方もいますので要注意です。

【図10】イルミネーションされたフジ。このフジは咲いたことがありません

毎年咲かせ続けるための留意点

「咲きやすい若木のフジ・咲きにくい壮年期のフジ」で述べたように、フジは植えてから年月がたつと次第に咲きにくくなる花木です。それを長年咲かせ続けるための留意点をまとめます。

①古い枝をできるだけ減らし若い枝に置き換える

フジの木は、通常棚の上部に達すると、幹の上で何本かの枝に枝分かれします。それぞれの枝は、その枝が分かれたときからの年数によって、古い枝・中ぐらいの枝・若い枝と異なる時間が経過しています。それらは一本一本違う性質を持っています。これを幹線・支線にたとえる人もいますが、言い得て妙です。

分岐してから五年以上も経過した枝は、いわば「年寄り」で、そこから発生するツルには花芽ができにくく、逆に枝分かれして二〜四年くらいの枝は「若者」で、そこから発生するツルには花芽ができやすいのです。従って五年以上の枝はできるだけ残さず、年々若い枝に置き換えていくように剪定します。若い枝を作るには、春から夏にかけての剪定の際、何本かの徒長枝を切らずに残しておきます。

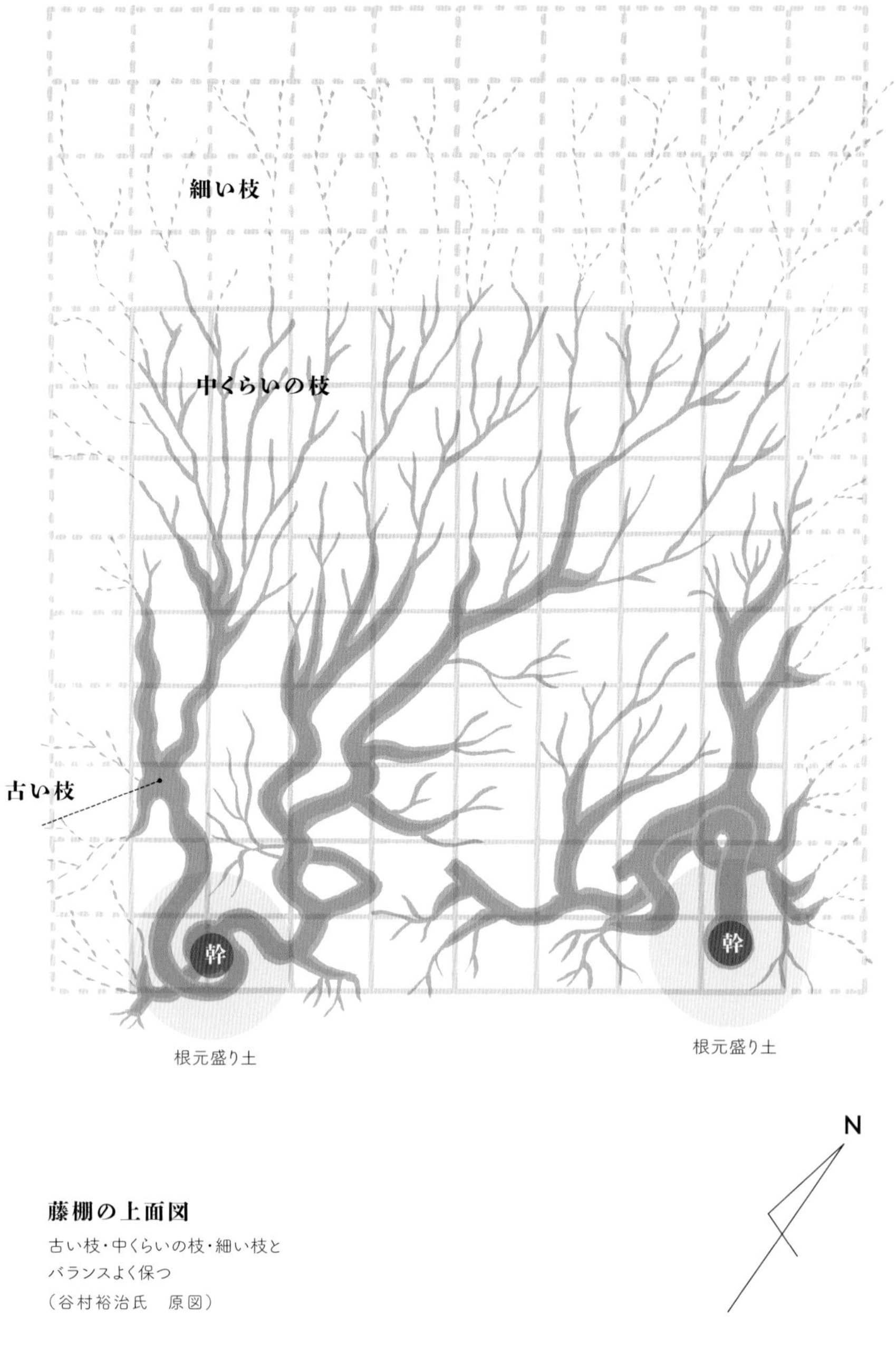

藤棚の上面図

古い枝・中くらいの枝・細い枝と
バランスよく保つ
（谷村裕治氏　原図）

②シュート（植物の地上部）とルート（同・地下部）のバランスを保つ

一般に植物の幹・枝・葉・花・芽など地上部をシュートとよび、地下の根をルートとよびます。

フジは藤棚の上で年々ツルを伸ばし、徐々に藤棚一面に広がります。多くの藤名所では藤棚がいっぱいになると棚を拡張して広げていきます。都会では、藤棚周辺に広いスペースがなく、やむを得ず狭いままでフジが育てられることが多いのです。この状態でも数年間は問題なく咲き続けます。

フジは暑さに強い木ですが、実は暑さに強いということは、大量の水を根から吸い上げ、葉で蒸散させながら体温を調節できる能力があるということです。

都会のフジは、夏はヒートアイランド現象から身を守るため懸命に体温調節をしています。そのためには途方もなく大きな根を地中に張り巡らせています。

根を広く張っても特に問題はないと思われる方が多いと思います。しかし、根が伸びるに従ってそれに必要な栄養分、

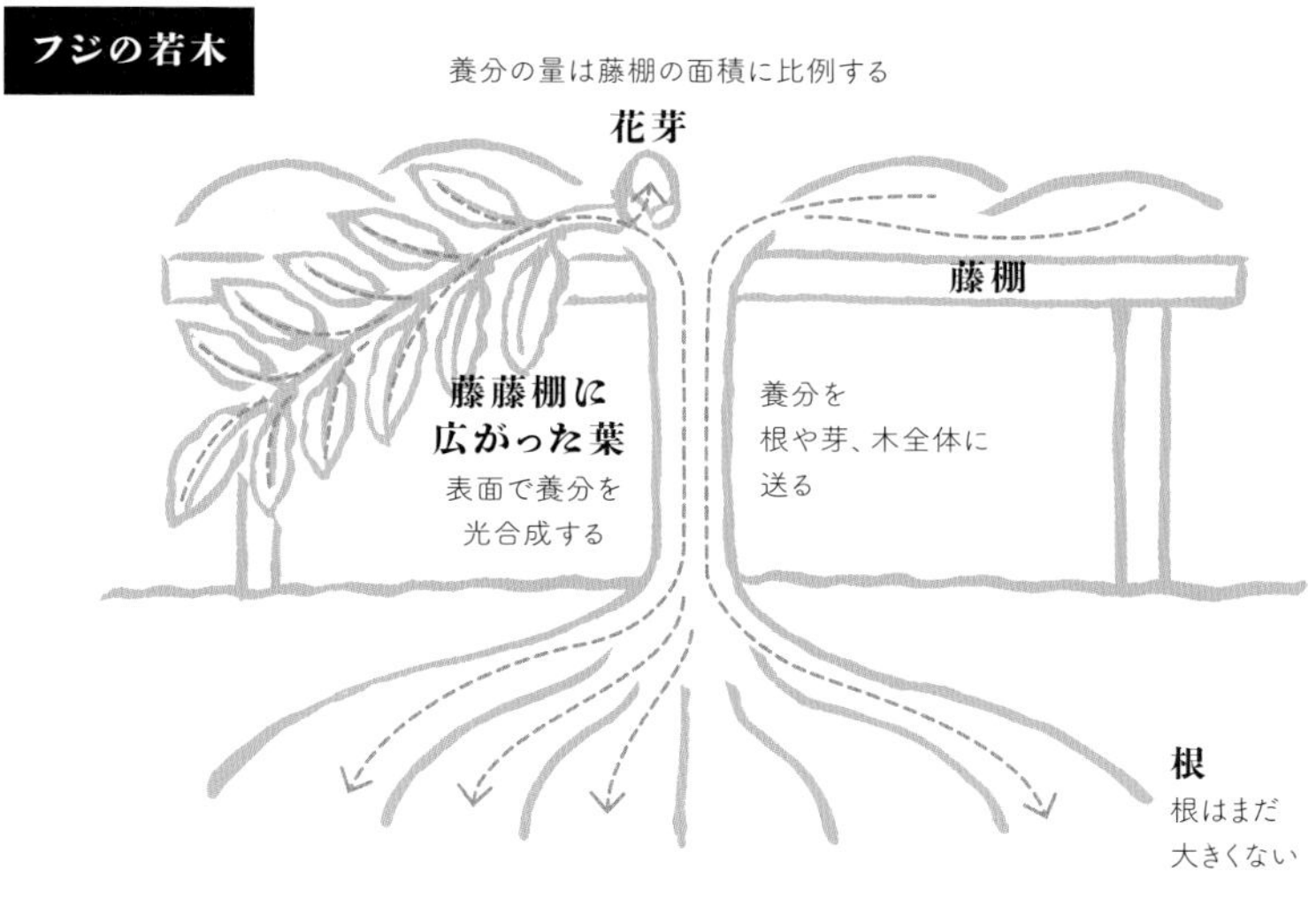
フジの若木
養分の量は藤棚の面積に比例する
花芽
藤棚
藤藤棚に
広がった葉
表面で養分を
光合成する
養分を
根や芽、木全体に
送る
根
根はまだ
大きくない

すなわち光合成によって葉で作られる炭水化物が十分供給されなければなりません。

藤棚が狭いと、光合成で作られる炭水化物の量も限られてきます。花芽形成期の六月末から七月、およびつぼみが膨らむ二月から三月にかけて根が活発に活動すると、花芽が弱り、開花しにくくなるのです。これを「花芽が流れる」と言う人もいます。

これを抜本的に防ぐには藤棚を広げるのが一番いいのですが、それができない場所では、根の活動を抑制するような植え方、すなわち鉢植え状態に近い植え方をします。

植えた周辺にコンクリートの隔壁や大きな石が埋まっており、根の伸張を抑制していることもあります。ど根性フジで示したフジがそれに当たります。あまり健康的とは思えませんが、これでも毎年よく咲きます。藤棚面積・移植後の年数・鉢植え状態などの植栽環境と適切な管理方法の関係について、表にまとめました。【表01】

フジの古木

大きく育った根が
藤棚できた養分をほとんどもっていくので
花芽にまで回らない

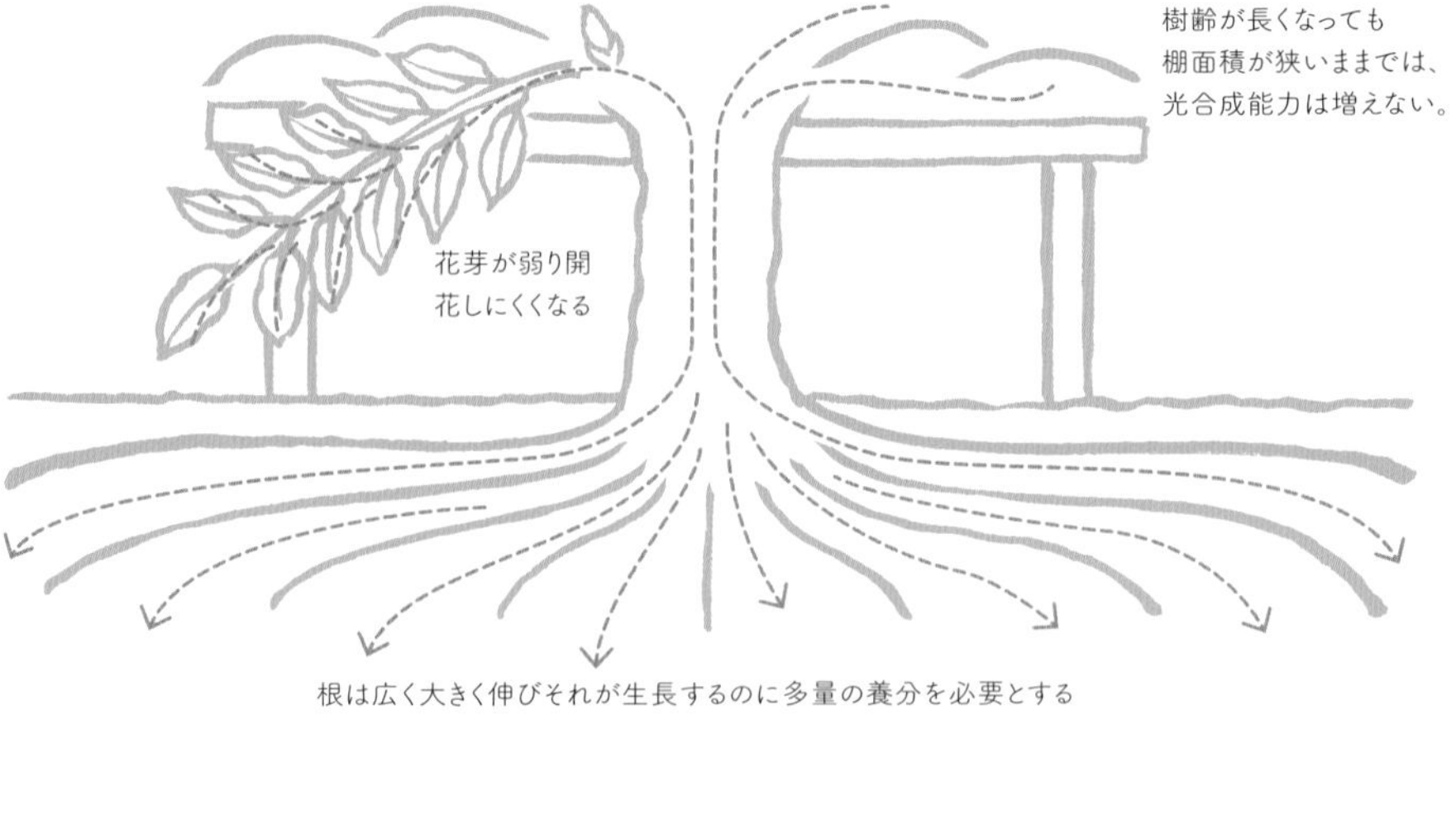
樹齢が長くなっても
棚面積が狭いままでは、
光合成能力は増えない。
花芽が弱り開
花しにくくなる
根は広く大きく伸びそれが生長するのに多量の養分を必要とする

【表01】まとめ　植栽環境別・樹齢別フジの咲きやすさ　管理方法の違いの概要

分類	植栽環境 藤棚面積	植栽環境 地面の状態	樹齢*	咲きやすさ	特徴・管理方法
A **広い藤棚** 都会にほとんどない	100m^2 以上		若木〜壮年期	◎ 咲きやすい	**フジにとって理想的な環境** ・一般的な管理をすれば安定的に咲く ・猛暑日のある地域では高温障害対策を取る
B **厳しい環境下で長年放置のフジ** 都会でまれに見かける	1. 鉢植えがたまたま根付いたフジ 2. 良性のコブのあるフジ 3. 絞め殺し状態のフジ		若木〜壮年期	◎ 咲きやすい	**手入れなしでも、たまたま生き延びたフジ** ・健全な状態とは言えない。ほとんど成長もしない代わり、あまり手入れしなくても安定的に咲く ・当然、長年の間に木は徐々に弱る
C **狭い藤棚** 都会で最も多い	10〜30m^2	一見地植えだが巨大な鉢植え状態	若木〜壮年期	○ 比較的咲きやすい	**他の条件が同じなら、より安定的に咲きやすい** ・一般的な管理をすれば安定的に咲く
		真の地植え	若木	○ 比較的咲きやすい	**すでに咲いている鉢植えのフジを地植えした状態** ・若いツルを棚一面に誘引する ・移植後1年間は散水を強化する ・一般的な手入れをすれば2〜3年後には開花する ・藤棚が極端に狭い場合は、数年間は咲くが徐々に咲きにくくなる
			壮年期	△ 咲きにくい	○思い切って強剪定をする ○毎年一般的な手入れをしたうえで、ツルが良く伸びるので8月に入ってもツルの切除を繰り返す ○猛暑日がある地域では高温対策を強化する ○それでも咲かない場合はもう一度強剪定をする ○以上の対策を取っても咲かない場合は、鉢植えのフジを「チョイ植え」した方が早い
D **夜間明るい場所のフジ**	夜間照明が明るい （本が読める程度の明るさがある）		全樹齢	× 咲かない	・照明を止めるか、別の場所に植え替える

＊樹齢の目安	**一般的な管理**	**高温対策**
若　木：植えてから3〜5年程度 壮年期：移植後10〜20年以上	冬の剪定・花後の花殻摘み・すかし剪定・初夏の剪定・季節の施肥など	散水の強化・夏に伸びるツルの切除・土壌改良して保湿性を高める

フジに適した土壌・適さない土と土壌改良

フジは本来丈夫な木ですので、あまり土質を選びませんが、粘土や真砂土はできれば避けたいところです。土と土壌の違いを簡単に説明します。土と土壌は本来同じ意味ですが、「土」は岩石が崩壊などで破砕された微生物や養分が少ない植物の生育に適さない土、「土壌」は微生物や有機物が豊富な植物の育成に適した土の意味で使われていることが多いのです。土壌は小さい鉱物粒子で構成されていますがすきまが多く、そのすきまに空気や水を含んでいます。土壌を構成する粘土などの鉱物を固相、水を液相、空気を気相といい、「土壌三相」とよびます。【資06】これらの容積比率が「三相分布」です。肥沃な土壌は、固相の比率が四十五〜五十パーセント、液相と気相の比率がそれぞれ二十〜三十パーセントといわれています。固相はケイ酸などの無機物と動植物の遺体が微生物により分解してできた「腐植」からなります。液相は植物への水や養分を根から供給するのに使われ、気相は根に酸素を運ぶ役割をしています。これら水相・気相は、土の微粒子が腐植によってつながった「土壌団粒」【図11】の中に保持されています。

畑の土、庭土は固相・液相・気相のバランスがよくとれた、よい「土壌」です。一方、西日本の公園・学校などの土は、真砂土が客土として使

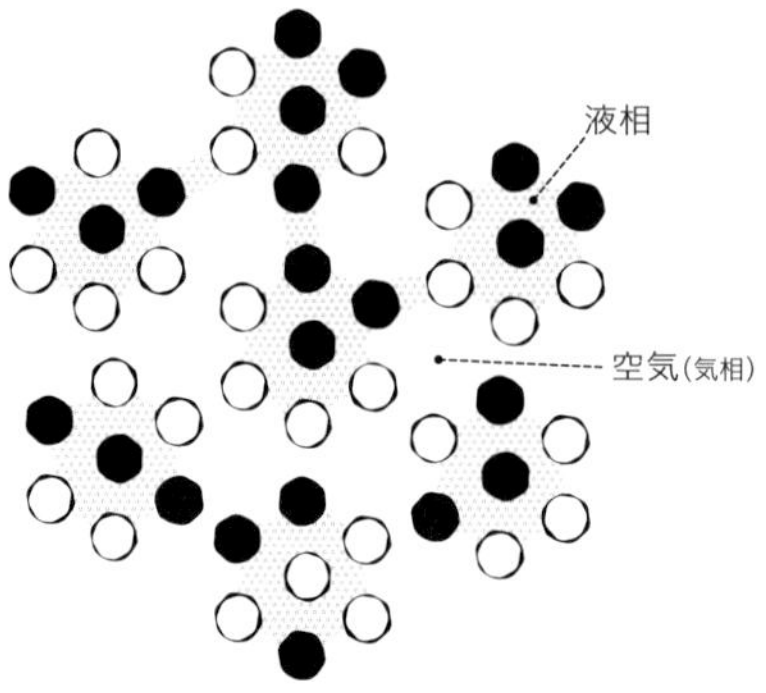

【図11】土壌の団粒構造（【資06】にもとづき作図）。土を拡大してみると、小さい鉱物粒子や腐植からなり、そのすきまに水や空気が入っている構造であることがわかる。
●は有機物（腐植など），○は無機物（鉱物粒子など）で，固相を構成する。そのすきまに水（液相），空気（気相）が含まれる。

われていることが多く、含まれる栄養分が少なく、液相・気相の割合が低く透水性・通気性が悪いうえに、水分が蒸発しやすく容易に乾燥してしまう「土」です。

土壌改良　土壌中の有機物を保ち土の劣化を防ぐ

フジの育成に真砂土を使うときは、必ず土壌改良を行います。土壌改良のためには、腐葉土・クン炭・鹿沼土・赤玉土などを真砂土と混合します。クン炭は土中微生物の生育を助けます。昔の人はフジに酒粕を与え、土壌微生物を増やしていました。今でも、花の艶がよくなるとして酒粕を使っているところもあります。鹿沼土・赤玉土は保水力が高く、透水性も高めます。バーミキュライトのような土壌改良用の土も有効です。

移植直後はフジの周辺を土壌改良し、根が伸びるに従って徐々に範囲を広げていきます。なお移植時には、底肥は原則的に入れる必要はなく、移植後開花するまでは、肥料は与えない方が咲きやすいようです。開花を始めてから季節ごとの肥料を適量与えるだけで十分です。

一度土壌改良しても、年月がたつと、腐葉土は繊維質を残し、栄養分は消えてなくなります。土壌中の栄養分が欠乏しますと、細根が育たなくなり、太い根だけが成長します。こうなりますと養分の吸収が悪くなり、フジはだんだん樹勢が衰えますので、腐葉土を追加します。

フジでは、ゴボウのように太い根が数本、まっすぐ垂直に地下深く伸びています。これは水を求めている根です。また地表近い浅い地面を水平に網の目のように四方に広がっています（これを「浅根」といいます）。これは養分を探している根です。ですから、養分の吸収をよくするための土壌改良は深く耕す必要はなく、地表近くの浅い範囲でいいのです。

フジはデリケートな花木なので、良質の腐葉土を使う必要があります。市販の腐葉土には、発酵を促進するため、化学薬品が使われているものが多く、可能な限り避けて下さい。やむを得ず使う場合は、販売されている腐葉土の袋と袋の間に手を入れ、温度が上がっていないかチェックして下さい。温度が高いものは発酵が未熟な品質の悪い腐葉土です。これを使うと根の温度が上がります。

できれば、腐葉土は自分で作りましょう。フジを剪定したときに出る葉を容器に入れ、それに土・米ぬか・鶏糞・水を混合し、一～二年寝かせば使えます。フジ以外の葉も使えますが、イチョウの葉は分解しないので使えません。

フジを咲かせる急所のまとめ

本書を読まれ、もし近隣のフジを咲かせてみたい、あるいは新たにフジを植えて育ててみたいと思われる場合は、自分の住んでいるところが比較的温和な気候か、山間部で夏でも涼しい地域か、逆にヒートアイランド現象がある都会か、亜熱帯に近いかを意識してください。前者ならば既存の本に書かれている方法で咲くでしょう。それでも、本書で紹介している新しい管理方法や植物としてのフジの性質を理解して育てると、より多くの花を、より確実に咲かせることができるでしょう。ヒートアイランド現象のある都会や亜熱帯に近い気候なら高温障害対策を徹底してください。温暖な気候ならその中間です。夏の気温によって管理方法を変えるのがフジを咲かせるコツです。

また、植えてある場所が、水が豊かな場所か否か観察してください。場所によっては、夏から秋にかけて、散水を強化する必要があります。古来の藤名所を調べてみると、近くに川が流れているか、今は埋め立てられたがかつては川があったところが多いことに気づくことでしょう。そのようなところは、今でも地下水脈（伏流水）がある可能性が高いのです。こういうところに植えられたフジは咲きやすいですが、近年になって造成された土地に建設された公園や学校の校庭のフジは、水涸れを起こしやすく、土壌改良をしたうえで散水を強化する必要があります。

フジの管理に、「これでなければならない」という管理法はありません。植えられている地域の気候風土・水脈・土質によって管理方法が異なります。

どういう方法を選ぶかは、本書に示した新しい剪定技術や植栽環境別、樹齢別の管理方法が役立つでしょう。


良性のコブ。

接ぎ木した部分に養分を蓄えている状態

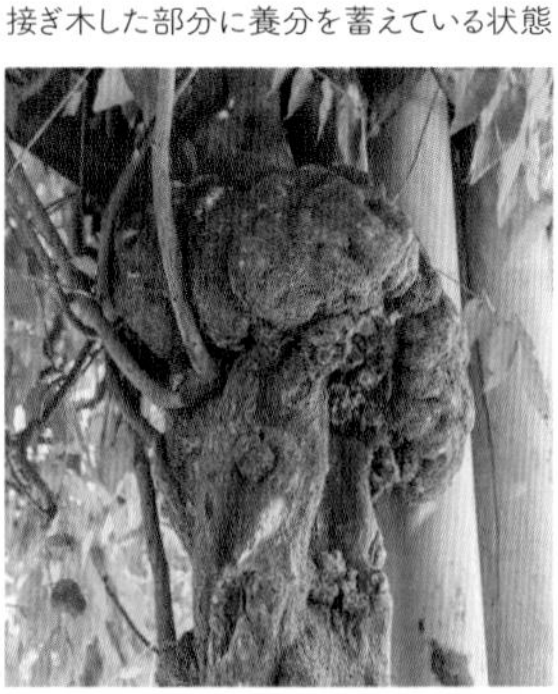

COLUMUN

フジのコブ

六八頁良性のコブについて書きましたが、普通「フジのコブ」という場合は、病気のコブのことを指します。これは何らかのストレスを受けたフジにできやすいようです。特に強い紫外線が、直接幹や枝の表面に長年当たっているのが最も大きなストレスの原因と考えられます。

このコブはウイルスが原因ですので感染します。

よほどのことがない限りコブによってフジが弱るわけではありませんが、見苦しいしフジにとってよいわけがありませんので次のような治療をします。

枝にできたコブは、その枝のつけ根付近で切除します。フジは回復力が強いので、枝の長さにもよりますが二〜三年で元の長さに回復します。

幹にできたコブは、フジが休眠している冬の間にノミなどを使って切除します。このときコブのかけらが地面に落ちますとそこから感染が広まりますので、注意してください。また、使った器具はアルコールやライターの火などで消毒しておきましょう。コブを削り取ったあとは、市販の樹木保護剤（キニヌール）を塗って木部の腐敗を防ぎます。

夏の間に尿素の十パーセント水溶液を噴霧してコブを縮小させる方法もあります。一週間ないし十日毎に、コブに尿素水溶液を夏中噴霧し続けますと、徐々にコブが小さくなってきて、最後はボロボロになります。この方法はフジが活発に活動している夏の間のみ効果があります。冬には効果がありません。

悪性のコブ（癌腫）

フジの病害虫

藤花腐れ病（フジコッカン）

都会のフジでは、せっかく咲き出したフジの花が下の方から徐々に腐ってくることがあります。これは「藤花腐れ病」といわれています。

郊外のフジ名所には少ないようです。これはウイルスによる病気で伝染しますので、見つけ次第根元から切除します。治療法は花芽が眠っている冬の間に、石灰硫黄十％水溶液を、昨年病気が出た箇所に噴霧することです。石灰硫黄の薄膜で覆いウイルスを窒息させるのです。石灰硫黄の毒性は低いのですが、一度付着しますと汚れが取れにくいので、近くのものに付着しないよう細心の注意が必要です。

藤花腐れ病に冒されたフジ

フジツボミタマバエの幼虫が寄生し虫コブになったつぼみ

フジツボミタマバエ

比較的最近（一九八四年）見つかったフジの害虫で、駆除が大変やっかいです。

四月に、雌がフジのつぼみに産卵すると、つぼみ全体が六〜九ミリ程度に肥大した虫コブになります。つぼみにはたくさんの幼虫が入っていて、寄生されたつぼみは花が咲かずに落ちてしまいます。幼虫は五月につぼみから脱出し、地中に潜り越冬します。翌春に蛹化して、フジのつぼみの時期に成虫となって羽化します。

蛹化した頃、地面にスミチオンの千倍液を散布し、さらに羽化する頃に同液を空中に多量に噴霧して防除します。自然が豊かな郊外のフジ名所に見られるようで、都会のフジでは見たことがありません。

アブラムシ

春から夏にかけて新芽や葉の表面に多量に発生することがあります。駆除方法は根の周辺に殺虫剤のオルトランを散布することです。「ハイポネックス原液殺虫剤入り」を二百五十倍に薄めて根元に散布するのも有効です。

葉を食べる毛虫類

ガの幼虫が、若葉の頃から夏にかけて多量に発生することがあります。なかにはドクガのなかまもあります。これらは剪定の時などに体に触れると痒みを催すので注意して下さい。家庭用の殺虫剤をスプレーするだけで簡単に死ぬので、剪定前に噴霧するとよいでしょう。個体数が少なければ箸でつまんで取り除くこともできます。

樹木保護剤を塗って保護します

幹の腐れ

古いフジの幹が腐り、それが徐々に拡がっていくことがあります。これは病気ではありませんが、放置すると木が弱ってきますので、腐っている部分を削り取った後、樹木保護剤を塗り腐食の進行を止めましょう。

腐れの発生原因は、苗木のときについた小さな傷が長年月の間に拡がったもの、接ぎ木苗の場合には台木と穂木の太さが違うため不接合部が生じそれが徐々に拡がったもの、台風などの強風で枝がまくれ上がり幹にひび割れが生じたなど、さまざまです。腐食内にアリが巣を作っていることもあります。その場合は患部を丁寧に削り取った後、樹木保護剤を塗ります。

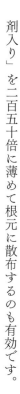

四　フジの開花の植物学

夜の暗闇時間の変化を感じて花芽（つぼみ）を作る

フジをはじめ、すべての植物は自分の子孫を残すために最適なタイミングで花成するように、遺伝子がプログラムされています。フジは春に開花・受粉し、夏の間に種子（マメ）を作り、それを十分時間をかけて育ててから、十月頃から冬にかけてばら撒きます。地面に落ちたマメは翌春に発芽し初夏から八月初めまでに成長します。

一般に、フジを含め春に咲く花木は前年の初夏に花芽を作っています。できた花芽はいったん休眠状態になり、冬の間に低温を体験してから春に花を咲かせます。花芽ができてもすぐに開花しない理由は、夏の終わりに開花しても、冬までに丈夫な種子（マメ）を作れないからです。このサイクルを維持しなければ子孫を残せませんので、いつ花成するかは植物にとっ

フジは、夜の暗闇の時間を計っている。

ては非常に重要なことなのです。

花芽を作るよう命令を出すのが、「フロリゲン（花を咲かせるもの）」です。早くからその存在が予測されていたにもかかわらず正体は長い間の謎でしたが、一九九九年から二〇〇七年にかけて、それが「ＦＴタンパク質」とよばれるタンパク質で、葉の表面で作られることがわかりました。この発見には京都大学大学院理学研究科・荒木崇教授、奈良先端科学技術大学院大学・島本巧教授らが貢献しています。【資07】

このフロリゲンをいつのタイミングで作るかがフジにとって重要なことです。一般に植物は、毎晩、時を刻んで夜の暗闇の長さを測っています。その目的は、夏の暑さや冬の寒さに耐える準備をするために、暑さ寒さが到来する一〜二か月前にそれを予知するためです。【資08】フジも正確に夜の暗闇時間の差を識別しています。

フジは大豆と同様のマメ科の植物ですので、「短日性植物（長暗期性植物）」に分類されると考えるのが自然です。実際にフジを注意深く観察すると、夏至過ぎから八月上旬の夜の時間が長くなる時期に、ツルに花芽ができているのがわかります。一方で、花が終わった後の花房の付け根付近には、五月中旬にはすでに花芽ができていることがあります。フジが短日性植物か長日性（短暗期性植物）か、あるいは中日性植物かについては、今後の研究を待ちたいと思います。

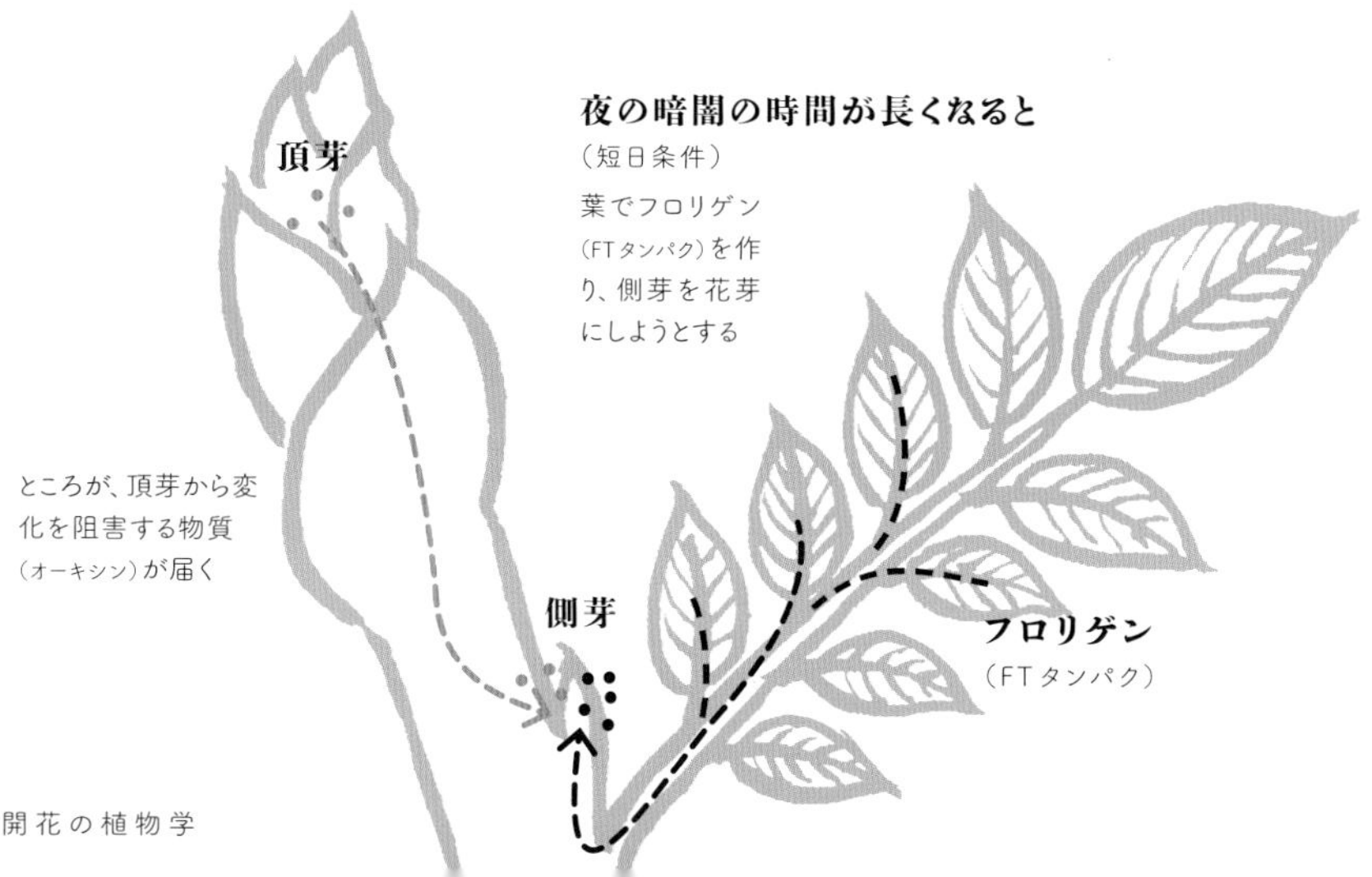
頂芽
夜の暗闇の時間が長くなると
（短日条件）
葉でフロリゲン
（FTタンパク）を作
り、側芽を花芽
にしようとする
ところが、頂芽から変
化を阻害する物質
（オーキシン）が届く
側芽
フロリゲン
（FTタンパク）

なお、前述のように（七〇頁）夜間照明が強いと咲かないのは、夜の暗闇の長さを測れないからです。

側芽がつぼみ（花芽）に変わるのを助ける「サイトカイニン」

フジの花成は、フロリゲンができれば始まるという単純なものではありません。つぼみは側芽（脇芽）が変化してできますが、そのためには側芽が再分化できる状態にならなければなりません。これにはサイトカイニンという植物ホルモンが重要な役割を果たしています。サイトカイニンは側芽のそばの茎に太陽の光がよく当たると作られます。若返りホルモンともよばれ、側芽を頂芽に変える役割をすることもあれば、種子の発芽を促したりもします。【資09】

サイトカイニンの働きを説明しましょう。ニンジンの根の切れ端をオーキシンという植物成長ホルモンとともに栄養分を含む培地に置くと、無定形の白い塊が発生します。これは「カルス」とよばれる植物細胞の塊です。カルスはいくら細胞分裂をさせても根にも葉にもなりませんが、ここにサイトカイニンを与えると、オーキシンとの比率を変えることにより、根や芽に再分化を始めます。【資10】だからサイトカイニンは「再分化ホルモン」

頂芽を切ると…
側芽が
花芽に
転化
サイトカイニン

頂芽を切除しオーキシンの供給を遮断するとIPTが発現し、サイトカイニンが側芽の再分化を促す。そこへフロリゲンが作用すると側芽が花芽に転化する

ともよばれるのです。これがフジの花芽形成に重要な役割を果たしていることは次の事実から理解できます。

フジの葉のつけ根をよく見ると芽（側芽）があります。またツルの先端には「頂芽」とよばれる芽があります。葉のつけ根にある側芽は、条件が整えば花芽（つぼみ）になることも、葉芽になることも、新しいツルになることもできます。

一方、頂芽は一生懸命上へ上へと伸びるのを自分の使命としています。フジは「頂芽優勢」の植物で、オーキシンは頂芽で作られ茎の表面近くを通って下方に運ばれますが、茎ではサイトカイニンを合成する遺伝子の発現を抑制しています。【資11】

いわば頂芽は、自分だけが成長するためにオーキシンを使って、側芽が花芽やツルに分化するのを妨いでいるのです。【資12】だからフジは、頂芽が伸び続けている限り花芽はできにくいのです。頂芽を切除し、オーキシンの発生を止めますとサイトカイニンが発生し、先端に近い脇芽は新しいツルに分化し、ツルのつけ根近くの脇芽にフロリゲンとともに働きかけ花芽に分化させます。

なお自然界のフジのように、剪定することなく放置しておくと、先端から徐々にツルが弱ってきて頂芽が自死することにより、花芽形成（花成）を行っています。

「初夏の剪定でツルを切り戻す」のは、オーキシンの発生を抑制することで、人為的に花成のタイミングを早め、花芽をたくさん作らせているのです。

フジは飢餓状態でつぼみ(花芽)を作る

フジを花成させるためには、花芽ができる時期(六〜八月)とつぼみが成長する時期(二〜三月上旬)に肥料を与えないのが必須条件だと書きました。花成するためには十分な栄養を与える必要があるように思えますが、それとは全く逆のことをします。昔から、「つぼみ形成には、植物体内の炭素と窒素の比率が関係している」との説があり、これによりますと「窒素含量が多いと盛んに葉を作りつぼみは作りにくいが、窒素が少なく炭素含量が多くなるとつぼみを作りやすい」といわれています。この説は実証が難しく、アオウキクサ、アサガオ、シソ等で調べられているものの、フジを含む一般的な植物で確認されているわけではありませんが、かなり確かなようです。【資13】

植物は養分を絶ち、生きていけないような栄養飢餓状態に陥ると、つぼみを作り、花を咲かせる仕組みを持っています。ウキクサの場合は、七十二時間以上窒素を与えないと、体の中にあるタンパク質を分解し様々なアミノ酸を遊離していくので、植物体内のアミノ酸含有量が増えます。できたアミノ酸の一部は、つぼみを作り出す酵素や花芽を形作る細胞を作るのに使われると考えられます。フジの場合も例外ではなく、花芽ができる初夏から真夏にかけて、肥料が土壌中に残っていないのが花芽形成に大切なのです。だから「お礼肥」といって花後（五月初旬）に少量肥料を与え、そのあとは与えないのです。

なお寒肥は一般に一〜二月に施すのがよいとされていますが、都会のフジの場合は地温が高いので、十二月中に少量与え、つぼみが膨らみだす二月末から三月頃には、土中に肥料が残っていないようにします。

自分で養分を作る

実は、フジは花成しにくい花木といえます。なぜなら、根に共生している根粒バクテリアが窒素肥料を作っているからです。

植物の三大栄養素は、窒素（N）、リン酸（P）、カリウム（K）です。特に窒素は光合成に必要な葉緑素やいろいろな酵素、遺伝子などを作るのに必要で、最も重要な栄養素です。広く使われている硫安などの化学肥料は、窒素と水素を四百〜六百度という高温と二百〜四百気圧という大変な高圧で化学反応させて合成（「ハーバー・ブッシュ法」といいます）されるアンモニアからできています。

　フジの根を引き抜くと、白味かかった根に直径三〜六ミリほどの黒い玉がたくさんついているのがわかります。この玉は根粒といって、マメ科の植物はすべて持っており、この中に根粒バクテリアを住まわせています。根粒バクテリアは普通の気温・大気圧下で空気中の窒素を窒素肥料に変えることができるのです。これを「空中窒素固定」ともいいます。だからフジには、油カスのような窒素肥料はあまり必要がないのです。

　肥料をやりすぎると花が咲きにくくなる原因は、フジは自分で窒素肥料を作ることができるので、体内が窒素不足になりにくく、なかなか飢餓状態にならないためです。

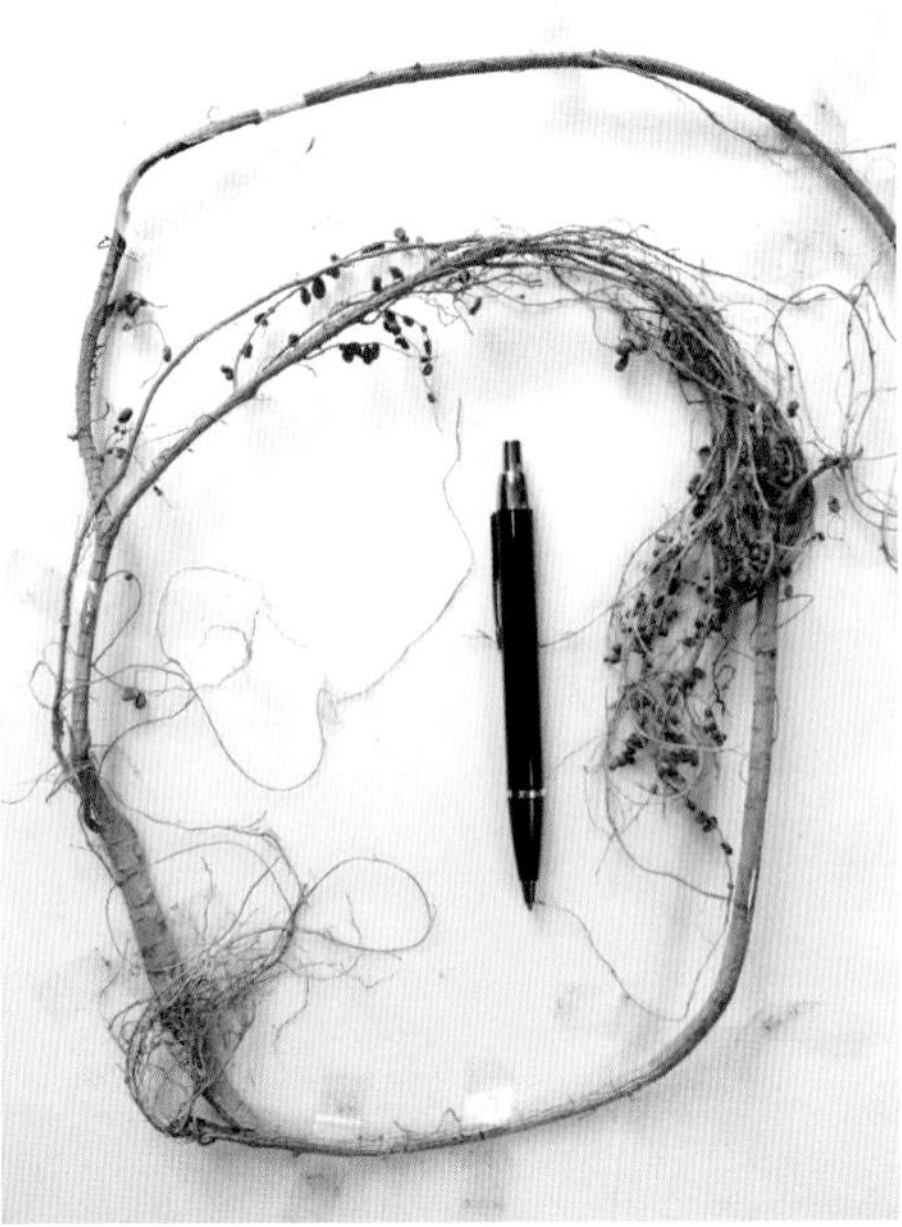
フジの根。細い根についた黒い玉のような根粒がたくさんついている

養分を再利用して子孫（花芽）を守る

　以上のように、フロリゲン・サイトカイニン・栄養素の遮断という三つの条件を満たすことにより作った花芽を、フジは次のような方法で守り育てています。

八月末から秋にかけて花芽ができるとその周辺の葉が黄色くなることはすでに述べました。これは葉の中にある光合成に必要な緑色をしたクロロフィル（葉緑素）が分解され、黄色の色素をもつカロチノイドが残るためです。【資14】フジは子孫を確実に残すため、光合成によって炭水化物を作るという役割を終えたクロロフィルを分解し、それをさらにアミノ酸・リン酸・カリウム・マグネシウムなど貴重な栄養素に分解し、それらを花芽に与え、自らは死ぬ準備を始めているのです。

晩秋から十二月にかけて本格的な落葉が始まります。このとき、残っているクロロフィルやカロテノイドもすべて分解し、水に溶ける状態にしたうえで、栄養素として樹体内に回収し、葉はその生涯を終えます。落葉した葉は大部分が繊維素で、スカスカになっており、養分は回収されて残っていません。フジをはじめ植物はなかなか倹約家なのです。

フジは「葉っぱ一枚・ツル一本を大切にしなければならない」と伝統的な植木職人は考えています。だから夏から秋の剪定は極力軽くするよう努めているのです。咲かせるために剪定は必要ではありますが、切りすぎるのはよくありません。太陽の光を花芽に当てるため、風通しをよくするため、花芽から養分を奪わないためにツルを切る必要がありますが、切るのは必要最小限にとどめ、秋以後はたとえぼうぼうとツルが伸びて見苦しくなっても冬まで剪定はしてはならないのはこのためです。

◯開花のタイミングを決めるものは

寒い冬を越すための工夫

初夏に作られた花芽は、そのまま成長しないで冬を待ちます。秋に咲く草花と違って、樹木は種子を作るためには時間がかかりますので、秋に花が咲いてしまうと種子を作り終える前に冬の寒さが来てしまうためです。

フジをはじめ樹木は、冬の寒さに耐えるため、花芽や葉芽を固い殻で包まれた越冬芽（冬芽）に変えます。この作業は寒くなる前に終了しなければなりません。冬の寒さの訪れをその一〜二か月前に知る目印は、花芽を作ったときと同じく夜と昼の長さです。長い夜を感知した樹木は、アブシジン酸という植物ホルモンを葉で作り、これを花芽や葉芽に送ります。花芽や葉芽のアブシジン酸の量が段々と増えてくると、これらは越冬芽になり始めます。【資15】越

越冬芽

冬芽は休眠芽ともいい、花芽ばかりでなく葉芽でも作ります。フジの花芽も葉芽も、秋の日差しを受けて越冬芽として眠っているのです。

フジの開花と開花時期

越冬芽を眠りから目覚めさせる引き金となるのは、春のポカポカ陽気ではありません。冬の寒さなのです。フジは冬の寒さを経験したあと、眠りから目めつぼみを膨らませ始めます。いったん眠りから目覚めますと、あとは気温の上昇に従って、つぼみがどんどん膨らみ始め四月中旬～五月上旬に開花を迎えます。

花房のつけ根部分から花弁がほころび始め、順次

筆者はまだ見たことがありませんが、まれにミツバチもフジの蜜を集めに来るようです。それは元気のよいニホンミツバチともセイヨウミツバチとも言われますが、よくわかりません。有名な「牛島の大藤」（埼玉県）近くのJR春日部駅西口ロータリーのフジから採取した蜂蜜が市販されています。この蜂蜜は、ほのかな花の香りが口に残ります。

フジとクマバチ

下に向かって花がほぐれていきます。下端までほぐれ満開になるのに一週間ほどかかり、その頃にはつけ根付近の花は徐々にしぼみ始めます。満開から咲き終わるまで一週間かかります。従って一つの花が咲いている期間は二週間前後です。

フジが咲き始めるとどこからともなく大きなクマバチが蜜を求めて集まってきますが、ミツバチはめったに来ません。フジの蜜は花心の奥の方にあり、体が大きいクマバチでないと口が蜜まで届かないためです。クマバチはおとなしいハチで、人を襲ってくることはまずありません。

フジの開花時期は、大雑把ですがサクラの開花からおよそ二十日後と考えてよいと思います。まずヤマフジが咲き始め、数日遅れて「野田一歳フジ」などの一歳フジ系の園芸種が、次いで「六尺フジ」、「九尺フジ」などのナガフジ系と「アケボノフジ」、最後に「昭和白藤」が咲きます。ヤマフジの開花から二週間くらい遅れています。なお鉢植えのフジはそれぞれ五日〜一週間ほど早く咲きます。地温が高いためです。

開花が平年より早い年は、花房が短くなる傾向があります。花房は夜の間に伸びますが、その時期は昼の気温が上がっても、まだ夜の気温は低く、花房が伸びきらないためです。（奈良万葉植物園 本多倫浩氏による）

フジを食べる

つぼみを食べるドバト

ハトはフジのつぼみが大好物です。フジのつぼみが膨らみ始めると、あっという間に何十個ものつぼみを落としてしまいます。ネットで防いでも、ネットの下から入ったり、ネットの上に乗ってつぼみを落としてしまいます。別のハトが下で待っていてそれを食べるのです。それはつぼみが甘いからです。

つぼみは天ぷらにして食べると、甘みがあります。昔の野田村(現在の大阪市福島区野田)では、ゆがいたフジの若葉とご飯を和え「藤菜飯」として食していました。江戸時代に貝原益軒が書いた本草学の本「大和本草」には、「葉若きとき食らうべし。その実を炒て酒入れれば酒敗れず、敗酒に入れれば味正しくなる(葉が若いときに食べるとよい。実を炒って酒に入れると酸っぱくならない。酸っぱくなった酒に入れれば味が戻る)」とされています。

このようにフジは食用になります。

咲かない原因を探る ― 第1部のまとめ

フジは、ツルを切り戻せば、その根元に花芽ができます。切り戻さず放置すれば、二年目のツルに花芽がつきます。それが咲いた後は短枝になり、その後三年間、同じ場所に花が咲き続けます。三年経つと短枝は役目を終えて枯れますが、その頃にはまた別の場所からより多くの短枝ができていきます。フジはこのサイクルを繰り返しながら、年々、花の数を増していくのが普通です。それが咲かなくなる原因は、せっかくできた花芽が消えてしまう（花が流れる）からです。その原因は何でしょうか。

①直接的・短期的な原因
剪定の時、切りすぎて花芽を落とす。
花殻落としが遅れマメ（実）を作ってしまう。
肥料を与え過ぎ、または与えるタイミングを間違える。
夏の一時的な水涸れで花芽が弱る。逆に水のやり過ぎで葉ばかり茂る。
透かし剪定が不十分で中の芽まで太陽光が届かず、日照不足になる。

②間接的・中長期的な原因

五年以上たった古い枝と若い枝との入れ替えを怠ると、徐々に古い枝ばかりになります。こうなると木の負担が大きくなるうえに、古い枝からは花芽がつきやすい元気なツルができませんので、咲かなくなります。

また、年数が経つと、土壌中の有機物が欠乏し、細根が育たなくなり、樹勢が衰えます。（亀戸天神の藤管理者、樹木医 小池俊夫氏による）

③地域的・気候的な原因

真夏の最高気温が三十五度を超える地域では、高温障害への対応を怠れば花芽が消えてしまいます。

初心者でも少し経験を積むと ①の直接的・短期的な原因については適切に対処できるようになり、数年間はそれで咲きます。しかし同じことをしているにもかかわらず、徐々に咲かなくなることや、ある時突然咲かなくなることがあります。それは ②の間接的・中長期的な原因への対策がとれていないためです。これはなかなか気づきにくい盲点で、これができる人はすでに熟練者・プロの域に達しています。③の地域的・気候要因は、その年の気候に影響されますので、咲きやすい年、咲きにくい年ができてしまいます。

第2部 フジの文化史

「藤伝記絵巻」より（部分抜粋）（春日神社所蔵）

一

古代人とフジ

フジは古代においては、日本の山野に現在よりも多く自生しており、それらは花房が長い長藤（ノダフジ）とヤマフジでした。フジは観賞用としてよりも、若葉やマメを食用にしたり、繊維から布を作ったり、薬用に用いたりと、現在よりも実用的に使われていました。

また古代人は、落葉し冬の間死んだように堅くなったフジのツルが、春になると突然たくましく新芽を吹き出し、美しい花房が長く垂れ下がり、甘い香りを四方に発散する姿に、不思議なたくましい「生命の木」としての霊性と神秘な力を感じ取っていました。

フジが日本で最初に記録に見えるのは『古事記』の応神天皇の条、「秋山の下火壮夫《したひおとこ》と春山の霞壮夫《かすみおとこ》」と出石乙女との婚姻説話です。伊豆志袁登売《いづしおとめ》（出石乙女）という美しい女神がいて、多くの神々が求婚しましたが果たせませんでした。そこに二柱の神がいました。兄神の秋山の下火壮夫と、弟神の春山の霞壮夫です。二人はこの女神を巡って賭をしました。

母は、弟のためにフジのツルを取ってきて、一夜のうちに衣・袴・襪《しとうず》（くつした）・沓《くつ》を織り縫い、また弓矢を作って、衣装を着せ、その弓矢を持たせて乙女のところに行かせところ、その衣装も弓矢もことごとくフジの花になりました。弟神はその花の弓矢を乙女の厠《かわや》の前に立てかけたところ、乙女は不思議に思ってこれを持ち帰り、弟神はそのあとについて部屋に入り結婚したといいます。

フジの不思議な力を借りて愛を成就に導く物語です。強靭な生命力を持ち、繊維の強さなどが知られていましたので、古代人は、フジといえばその花の姿よりも木の生態の方に注意を向けていたようです。【資16】

「摂津名所図会」より、江戸時代の野田。それよりはるか以前から藤の名所として知られていた

二

万葉の歌人とフジ

令和元年五月一日、「万葉集」（巻五）梅の花の歌三十二首の序文「時に、初春の令月にして、気淑《よ》く風和《やわら》ぎ、梅は鏡前の粉を披《ひら》き　蘭は佩後《はいご》の薫りを香らす」を典拠として、「令和」の元号が制定されました。漢籍ではなく国書が出典ということで、「万葉集」が注目を集めました。万葉集は奈良時代末期に成立した日本最古の歌集で、実に四千五百首以上もの歌が収められており、次のような歌は広く知られています。

あかねさす紫草野《むらさきの》行き標野《しめの》行き野守は見ずや君が袖振る
額田王《ぬかたのおおきみ》（「万葉集」一―二〇）

石《いは》走る垂水の上のさわらびの萌え出づる春になりにけるかも
志貴皇子（「万葉集」八―一四一八）

万葉集
「万葉集」が成立したのは、奈良時代（七五〇年ころ）。天皇から無名の兵士までの、約四千五百首が収録されています。

あかねさす…・石走る……

どちらも、古文の教科書にも出てくる有名な歌。

「あかねさす」は「あなたが袖を振って合図してくるのを、人に見られてしまうわ」と元カレに歌いかけているけど、夫である天智天皇の前の宴会での歌なので、ネタなのでしょう。

「石走る…」は、石の上を激しく流れる水の勢いと、芽吹く植物の力強さに目を留めて春の喜びを歌いすがすがしい。この時代、皇族も自

「万葉集」では、「令和」の出典になった歌のように梅を詠んだ歌は百十九首と、萩の百三十七首に次いで二番目に多く詠まれています。梅は当時中国伝来の花木で人気が高かったのです。一方、現代の日本人に馴染みの深い桜を詠んだ歌は四十六首と意外に少なく、フジを詠んだ和歌は二十七首にすぎません。そのいくつかを紹介しましょう。

ホトトギスと藤浪

江戸時代、「春夏をふらふらまたぐ藤の花」という川柳がありました。フジは現在では春の花ですが、万葉の時代には「ホトトギス」とともに初夏の風物詩として詠じられていました。※それが平安時代中頃から、晩春の花に変わっていきました。現代では桜が咲いたあと、春の到来を告げる代表的な花木とされています。

藤浪の散らまく惜しみほととぎす今城《いまき》の岡《をか》を鳴きて越ゆなり
詠人不知（「万葉集」十―一九四四）

藤は古来より藤浪という表現がよく使われていました。今城の岡は、奈良県吉野町大淀の今木と推定されています。

然や野の仕事と身近に接していたことがうかがえます。約二百五十年後、平安時代初めの「枕草子」では、田植えが「見たこともない、珍しいもの」扱いになっていますが。

※和歌集では、歌は季節など、テーマ別に分類されています。フジは、春に入れられたり、夏に入れられたり、時代によって分類が変わっています。それを、花房が揺れ動く様子にたとえた江戸の人。残念ながら作者不明だそうですが、和歌集を読み込んでいた、なかなかの教養人と見受けます。

藤浪の…
フジの花が揺れて散り、ホトトギスが鳴きながら飛んでいる。それを、「鳥がフジが散るのを惜しんでいる」ととらえた歌。フジが好きな人だからそうとらえたのかも、とフジが大好きな私達は想像します。

恋しけば形見《かたみ》にせむと我がやどに植ゑし藤波今咲きにけり

山部赤人《やまべのあかひと》（「万葉集」八―一四七一）

この歌は雑歌に分類されていますので、ここで恋しがっているのは、人ではなくてフジが咲く頃に鳴く鳥、ホトトギスです。【資17】平城京は人工都市だったので自然が少なく、貴族達は屋敷の庭に、松や秋萩などの樹木を植え楽しんでいました。その中にフジも植えられていたようです。

藤波の花は盛りになりにけり奈良の京《みやこ》を思ほすや君

大伴四綱《おおとものよつな》（「万葉集」三―三三〇）

大伴四綱が詠んだ有名な句で、太宰府で大伴旅人《おおとものたびと》に贈った望郷の歌です。フジを見て奈良の都を懐かしんで詠まれました。

春日野の藤

春日野の藤は散りにて何をかも御狩《みかり》の人の折りてかざさむ

詠人不知（「万葉集」十―一九七四）

恋しけば…
恋しいときに思い出すよすがにしようと植えたフジが今咲いている……という意味になるけれど、「万葉集」でこの歌の前後にはホトトギスの歌が並ぶ。恋しいのは人ではなくホトトギスの声、という解釈もあるそう。

藤波の…
現在の福岡県にあった国の役所、太宰府で開かれた宴会で詠まれた歌と考えられます。作者四綱は防人司佑（さきもりのつかさのじょう・防衛省高官という感じでしょうか）、旅人は太宰府長官でした。「いま太宰府はフジが盛りですが、奈良の都もそうでしょうね。あなたもそう思いますよね」と上司に呼びかけた歌。これに旅人は、「自分は都へ帰れるのかなあ」というさびしい歌を返しています。当時は左遷されていた模様。まもなく政変で返り咲くのですが。

春日野の…
奈良時代には春に野に出て薬草を採る「薬狩り」という行事があり、その際にはフジの花を髪に挿すことになっていたそうです。なのにフジの花が散ってしまった、薬狩りの人たちは何を挿すのだろう、という歌。この年はフジの開花が早かったのでしょうか。

春日野の藤

奈良の春日野、現在の春日大社周辺は古来より藤名所でした。「万葉集」で詠まれた春日野のフジはヤマフジだったと思われます。古代人はフジ（ノダフジ）もヤマフジも区別していませんでした。江戸時代には、「春日野の藤」は「牛島の大藤」、「野田の藤」と並んで「日本の三大名藤」の一つに数えられていました。

春日野のフジは、若草山周辺の原生林のそこここに昔に変わらず現在も咲いており、特に春日大社の拝殿の裏に回ると、御《み》蓋《かさ》山《やま》一帯に豪快に咲いているのを見ることができます。

COLUMUN

奈良・万葉植物園「藤の園」

奈良・春日大社には、万葉集に詠まれた植物を集めた「万葉植物園」があります。その南庭に、二十品種弱、約二百本ものフジが植栽される「藤の園」が設けられ、品種の数では関西一のフジのコレクションを見ることができます。正面に池が配され、藤色・紅色・ピンク・白・紫色など色々な品種のフジが咲きます。

これらのフジの木の植栽は大部分が立ち木造りで、

藤棚のように見あげるのではなく、目線の高さで花が観賞できます。また花が下向きではなく外向きに咲くことで、常に日の光を浴びて美しく見えます。まさに自然と一体化した風光明媚な庭園です。フジは現在では万葉植物園のメインフラワーとなり、関西の藤名所としても有名になりました。

本書に掲載した園芸種・変種のフジや花芽・葉芽の写真の大部分は、管理者のご協力の下にここで撮影したものです。新しいフジの剪定技術や害虫についてもここで学びました。都会にも近く交通の便もいいので、身近にフジについて学習できる場でもあるのです。

春の開花シーズンにフジを見ながら散策すると、運がよければ、ここを管理している方からフジについてのいろいろと面白いお話を聴けるかもしれません。

近くには、春日大社の「砂ずりのフジ」(一二三頁)や春日野のフジも咲いていますので、ついでにそれらを見ながら、ゆっくり春の一日を満喫しましょう。

返り咲きの藤

サクラは時折、秋に返り咲きし（ボケ咲き・狂い咲きともいわれる）新聞などで報道されることがあります。フジは、秋ではなく七月末からお盆の頃にかけて返り咲きすることがあります。

フジは夏にツルの脇芽が花芽になり、翌年春に開花しますが、返り咲きのフジはツルの先端（頂芽）がつぼみになり開花します。早い時期に強く切りすぎたとき、返り咲きしやすい傾向にあります。返り咲きのフジは、下に垂れ下がらず、上に伸びます。この花はマメを作りませんので、花殻落としの必要もありません。

大伴家持《やかもち》がその返り咲きのフジを折り取って、坂上大嬢《だいじょう》に贈った歌があります。

我が宿《やど》の時じき藤のめづらしく今も見てしか妹《いも》が笑《え》まひを

大伴家持（「万葉集」八―一六二七）

この歌から、家持の屋敷にもフジが植えられていたことがわかります。「時じき」は「季節の差なしに」の意味で万葉集ではよく使われています。「ときなし大根」の言葉に今でも残っています。

ちなみにアメリカフジは、春と真夏の二回花をつけます。だから「二季

返り咲きのフジ

我が宿の…
返り咲きのフジが咲いた。こんなに珍しい花を見るように、いとしいあなたの笑顔を見たいな。坂上大嬢は家持のいとこで、のちに妻になります。

咲き」の名前で売られていることがあります。

海女の藤衣

海女が着る服として藤布が万葉集に詠まれています。

大君《おほきみ》の塩焼く海人《あま》の藤衣《ふぢごろも》なれはすれどもいやめづらしも

詠人不知（「万葉集」十二―二九七一）

須磨《すま》の海女《あま》の塩焼《しほや》き衣の藤衣《ふぢごろも》間遠《まどほ》にしあればいまだ着なれず

大網公人（「万葉集」三―四一三）

「海女の着ている藤衣は縫い目が粗いのでまだ着慣れない」との意で、藤布は新しい間は繊維が固いので、馴染むまでは皮膚がすりむけることもあり、このことを公人はよく知っていました。

藤布は縄文時代を起源とする日本最古の織物で、【資18】粗末な仕事着として使われていました。体にまとわりつきにくく安全なので、特に海女達は好んで使っていましたし、それは最近まで続いていました。また平安時代には貴族の喪服としても広く使われていました。

真夏にも咲くアメリカフジ

大君の塩焼く…

会う機会は多いけど、いつも目を引かれる、かわいい。そんな気持ち。「天皇に献上する塩を焼く人の着物は固い藤布製だけど、ずっと着馴れて柔らかくなった」を、「見慣れている」にかけています。

「須磨の海女の…」は逆。「ときどきしか着ないので、まだしっくりこない」。

現代によみがえった古代布・藤布

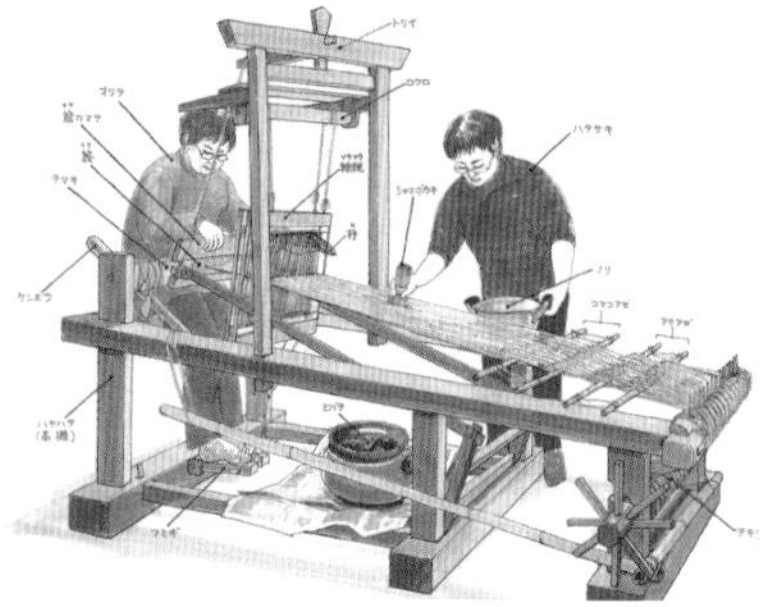

藤織り機（京都府立丹後郷土資料館 提供）

フジの繊維を紡ぐおばあちゃんたち（京都府立丹後郷土資料館 提供）

江戸時代には木綿の普及により衰退し、藤布は一時日本から消滅したと思われましたが、昭和三七年、民俗資料調査を行っていた京都府教育委員会が、京丹後市袖志《そでし》の村で、海女たちが海藻を入れるのに使用していた粗目の袋が藤布でできていることを発見しました。この藤布は丹後の山間部に住むおばあさん達が、雪に閉ざされた長い冬の副業として伝承してきたのです。藤布（地元の人は「ノノ」とよびます）はおよそ次のように作ります。

まず春にフジの三年目くらいのツルを切り取ってきて（この工程を「藤伐《ふじき》り」という）、木槌で叩き外皮と中皮（アラソ）に剥ぎ分け中皮だけを乾燥させます（「藤剥《ふじは》ぎ」）。それを冬まで保存し、木灰で四時間ほど煮炊き上げ（「灰汁《あく》炊《だ》き」）、川水でしごきながら洗い繊維の部分を取り出します（「藤扱《ふじこ》き」）。取り出された繊維は、米ぬかを溶かした湯にくぐらせて竿にかけて乾燥させ（「のし入れ」）、結び目を作ることなく撚りつないで一本の糸にします（「藤績《ふじう》み」）。その糸を糸車で撚りをかけて強い糸にし（「撚《よ》り掛《が》け」）、乾燥させたあと、整経台に巻き取ります（「整経《せいけい》」へバタ）。最後に機織りの工程となり布に織り上げられます（「機上げ」ハタニオワセル）。

それぞれがかなり面倒で根気のいる手作業です。例としてフジ

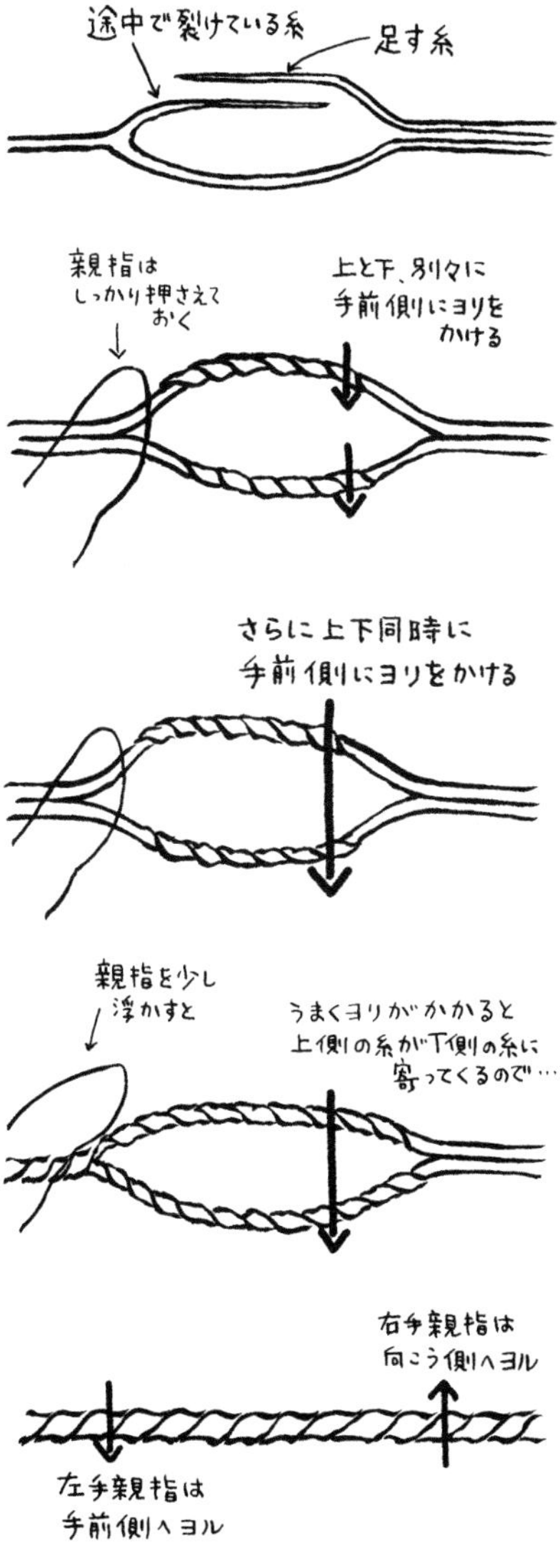
途中で裂けている糸
足す糸
親指は しっかり押さえて おく
上と下、別々に 手前側にヨリを かける
さらに上下同時に 手前側にヨリをかける
親指を少し 浮かすと
うまくヨリがかかると 上側の糸が下側の糸に 寄ってくるので…
右手親指は 向こう側へヨル
左手親指は 手前側へヨル

「藤績み」の手順（京都府立丹後郷土資料館 提供）

藤布を使った作品（丹後の藤布 遊絲舎 提供）

の繊維を長い一本の糸に繋いでいく「藤績み」の手順を、図に示しました。【資19】一本のツルからとれる繊維はわずか五グラムほど。一日かけて績むことができる糸はわずか二十〜三十グラムほど。

現在藤布は、モダンな織物としてよみがえっています。その製法は作業手引き書として「京都府ふるさと文化再興事業推進実行委員会」によって編纂され、次の世代への技術の伝承と普及が行われています。

多胡の浦のフジと大伴家持

万葉時代は、多胡《たご》の浦のフジが有名でした。多胡の浦は、後世の静岡県富士市の田子の浦ではなく、現在の富山県氷見《ひみ》市にあった布勢《ふせ》の海とよばれる潟湖《かたこ》にあり、この岸辺には湖に張り出すようにフジが咲いていました。【資20】

古代の大豪族・大伴《おおとも》氏の氏《うじ》の長者であった大伴家持《やかもち》は、天平一八（七四六）年、二十九歳で越中国《えっちゅうのくに》（現在の富山県にあたる地域）の国司となり、五年間赴任しました。若い頃の家持には歌人としての目立った活躍は見られませんでしたが、この越中国在任中、歌人としての才能が花開きました。多胡の浦のフジも、それに一役買ったことでしょう。次の四首の歌は国衙《こくが》※の役人と布勢の海に舟を浮かべて遊覧し、多胡の浦に舟を止め、フジを眺めながら詠まれました。

藤浪の影なす海の底清み沈《しづ》く石をも玉とぞ我が見る

守大友家持（「万葉集」十九―四一九九）

多祜の浦の底さへにほふ藤波をかざして行かむ見ぬ人のため

次官《すけ》内蔵忌寸《くらのいみき》綱麻呂《つなまろ》（「万葉集」十九―四二〇〇）

※国衙は国司が政務を行った役所のこと。家持は部下といっしょに船遊びをしたようです（いわゆる「視察」？）。ほのぼのした職場の雰囲気が伝わる歌群です。

藤浪の：以下3首
家持が「フジが映る海水がきれいで、水底の石は真珠みたい」と歌えば、部下たちは「水底まで美しい藤波を、来てない人のために髪に挿して持って行きましょう」「すぐ帰るつもりだったけど、この景色を見たら一晩いられますね」「舟にもフジを刺して船遊びをしているわけですが、傍から見たら漁師のように見えるでしょうね」と返しています。

いささかに思ひて来しを多祜の浦に咲ける藤見て一夜経ぬべし
判官《じじょう》久米朝臣広綱《くめのあそみひろつな》（「万葉集」十九—四二〇一）

藤波を仮廬《かりほ》に造り浦廻《うらみ》する人とは知らに海人とか見らむ
久米継麻呂《くめのつぐまろ》（「万葉集」十九—四二〇二）

そのゆかりの地には藤波神社（富山県氷見市下田子）があり、今もフジが咲いています。

万葉集の最後を飾る歌は、大伴家持が因幡国《いなばのくに》の国守として、天平宝宇三（七五九）年新年の賀を詠んだ次の歌です。

新しき年の始めの初春の今日降る雪のいや重け《し》吉事《よごと》
大伴家持（「万葉集」二〇—四五一六）

これ以後、家持は従三位中納言に昇進し、時節征東将軍（後の征夷大将軍）になり、二十五年後、七十歳で亡くなりました。当時としてはかなり長寿でした。

にもかかわらず、その後の歌が一首も残っていないのは謎です。【資21】

藤波神社のフジ

新しき…
年の初めの今日、雪が降っている。雪が積もるように、佳いことが重なりますように。歌集の最後に置くのにふさわしい格調の歌です。

三　平安王朝貴族とフジ

平安王朝の貴族たちは棚作りではなく、フジを松などに絡ませて庭に植え、鑑賞していました。男性的な力強さを感じさせる松とそれに寄り添う女性的で優雅なフジ、あるいは松の緑とフジの色彩的な美しさを貴族たちは楽しんでいました。当時フジは「めでたきもの」とされていました。

清少納言の「枕草子」には「藤の花しなひ長く色よく花咲きたるいとめでたし」、「めでたきもの　唐錦。飾り太刀。つくり仏のもくゑ。色あひふかく、花房長く咲きたる藤の花の、松にかかりたる」とあります。一方、「昔おぼえて不用なるもの」の中には「藤のかかりたる松の木枯れたる」となっています。フジに絡まれた樹木は長年の間に徐々に弱り、ついに枯れてしまいますが、この様子を清少納言はよく観察していました。

「伊勢物語」に、在原業平の屋敷に大きな房のフジがあったことが書かれています。「あやしき藤の花ありけり　花のしなひ、三尺六寸ばかりなむありける」。この「しない」とはフジの花の長く垂れ下がる房をいいます。こ

「伊勢物語」に描かれた在原業平邸のフジ（国文学研究資料館蔵）

の時代のフジはすべて花房の長い長藤でした。

紫式部の「源氏物語」「宿木」にはフジの花の下で宴を催したことが記されています。夕霧、紅梅、匂宮が居並んで楽を奏する前で、フジの花のもとに殿上人が並んで座り宴会を楽しんでいました。花時の宴は当時流行していたようです。

万葉時代の歌人は、実際のフジを眺めながら歌を詠んでいましたが、平安時代になると屏風絵を見ながらの「題詠」が多くなりました。また藤原氏の全盛を迎えその栄華を重ねて「松（帝《みかど》）と藤（藤原氏）」が多く詠まれるようになりました。次の和歌は、すべて屏風絵のフジを眺めながら詠まれたものです。

暮れぬとは思ふものから藤の花咲けるやどには春ぞひさしき
紀貫之（「新古今和歌集」—一六五）

紫の色し濃ければ藤の花松の緑も移ろひにけり
凡河内躬恒（「躬恒集」—一七七）

藤の花色深けれや影みれば池の水さえ濃むらさきなる
紀貫之（「貫之集」—六二）

暮れぬとは…
「暦の上では春は終わりだけれど、フジが咲く家では春は長く続きます」と屏風の持ち主藤原実頼を祝福しています。フジが咲き終わるまでは春、という気持ちが共有されていたのでしょうか。作者、紀貫之はご存じ「古今和歌集」の編者の一人。平安時代前期、菅原道真が左遷されるなど、藤原氏の台頭がはっきりしだした頃の人。

紫の色し…
「松は冬も緑を保ち、色は変わらない。でも、フジの紫が濃いので、その色が移って松の色さえ変わっている」。フジをほめた歌とも見えますが、帝と藤原氏の関係をふまえていると考えると皮肉です（うがちすぎ？）。作者、凡河内躬恒（おおみこうちのみつね）は紀貫之と同時代の人。

藤の花…
賀茂神社の斎院、宣子内親王の屏風に詠んだ歌。「水面に映るフジの色が濃いので、池の水まで濃い紫になっている」と躬恒の歌と同じ発想。こういう発想がはやっていたのでしょうか。

中国漢詩では、フジは古くからよく詠まれる素材でした。特に「紫藤」を多く詠じています。「紫藤」は中国産のシナフジのことであって、日本のフジとは異なります。しかし我が国では、必ずしもシナフジを示す言葉とは限らないで使われてきました。白楽天には「紫《し》藤《とう》花《か》下《のもと》漸《ようやく》黄昏《おうこん》」と詠んだ有名な詩【資22】（「三月三十日題慈恩寺」）があり、日本の藤詠歌に大きな影響を与えました。この詩は、三月に詠まれましたので、藤は初夏の花から送春・惜春の花へと変わっていき、さらに藤の花を「紫の雲」に例えた歌も詠まれ始めました。【資23】

紫の雲とぞ見ゆる藤の花いかなるやどのしるしなるらん

右衛門督公任（「拾遺集」一〇六九）

この頃から、漢語の「紫雲」「紫藤」という言葉が日本語の中に取り入れられていきました。紫の雲は瑞兆を表しています。【資24】中世から江戸時代の藤詠歌には、「藤浪」「松と藤」「紫の雲」がしばしば使われています。藤の和歌の詠法は、すでに「万葉集」から平安時代に芽生えていたといえるでしょう。

紫式部、清少納言が活躍した頃に植えられた、歴史的ともいえるフジが少なくとも二本あります。「牛島の大藤」と「山崎の千年藤」です。

紫の雲とそ…

「藤の花がおめでたい紫の雲のように咲いているのは、どなたのお屋敷でしょうか」。

藤原道長の娘、彰子が入内するときにつくられた屏風に詠んだ歌で、吉兆を示す紫藤におおわれた広大な屋敷と道長の栄華を重ね、氏（うじ）の長者・道長とその娘の入内を祝福しています。

作者、藤原公任は貫之たちの時代から半世紀ほどあとの人で、道長と懇意でした。

公任は「三十六歌人撰」や「和漢朗詠集」の選者として知られ、和漢の詩に通じ、管弦の上手でもあった当時のスター。「枕草子」や「紫式部日記」にも登場します。

そういう人の歌を配することは、持ち主の権力を示す意味もあったようです。

牛島の大藤（詳しくは188頁参照）

山崎の千年藤（詳しくは202頁参照）

四　中世のフジ

○中世藤の和歌

一二世紀中頃以降、政治の実権は徐々に公家から武家階級に移っていきました。

武家政権が幕府を開いた鎌倉時代には、公家が繁栄したかつての栄光の時代への憧れが、藤詠に反映されていきました。

勅撰歌集では、藤の歌（藤詠）は必ず春下巻の末尾近くに配され※、桜の散ったあとを彩る花とされました。

「春上巻」は花の春として王朝の華やかさを象徴し、晩春を詠う春下巻は時代の現実と重なって、これを惜しむ感情が強く表現されるようになりました。藤詠も寓意を込めた歌になっていきました。【資25】

室町時代初期の武家と貴族、それぞれの最高権力者二人の藤の和歌をならべてみました。

公任の時代から二百年ほど飛びますので、すこし日本史をおさらいしましょう。一一六七年、平清盛が太政大臣となり、初めて武家である平氏が政権を取ります。このあたりで平安時代は終焉。平氏を破った源頼朝は鎌倉幕府を開き一一九二年に征夷大将軍となりますが、鎌倉幕府は一三三三年に滅亡します。そのあと「建武の新政」で後醍醐（ごだいご）天皇の親政がはじまりさまざまな改革が行われます。しかし、天皇に重用されていた足利尊氏との間に抗争が起き、勝利した尊氏が一三三六年に室町幕府を開きます。平安時代は長く続きましたが、以降の動きはめまぐるしい。徳川家康による武家政権の安定まで、三百年近く戦の時代が続きます。

※奈良時代の「万葉集」、平安時代前期の「古今和歌集」では、藤の歌は夏のパートに入れられています。

松が枝にかかるよりはや十かへりの花とぞさける春の藤波

（足利）義満（「新後拾遺集」一五二）

ことしはやわかむらさきにさきそめて三代にこえたる北の藤波

（二条）良基《よしもと》（「新続古今集」一九八）

現に実権を握る将軍と太政大臣の和歌ですが実に暗示的です。中世の藤詠は風景を詠むより、政教的な側面が強くなりました。後述する「野田の藤」を詠んだ和歌もそのように解釈すると含蓄深く感じられます。

それまで「多胡の浦」などを除くと特定の地名を詠み込むことは少なかったのですが、この時代になると「春日」や「住吉」がフジとともに詠まれるようになりました。

特に春日明神は藤原氏を守護する神であり、住吉明神は朝廷の守護神と考えられていました。

また「北の藤波」という表現も多く、これは当時権力を握っていた藤原北家を意識した歌です。

松が枝に…
花の御所や金閣寺で知られる室町幕府第三代将軍足利義満は、歌人としても一流でした。「新後拾遺集」は永和元（一三五七）年に義満が後円融（ごえんゆう）天皇に奏上し、二条為遠（ためとお）が選者となって成立しました。この歌は、十代にわたり天皇家（松）によりかかって繁栄する藤原氏（為遠）の歌集完成を祝っているとも、義満が天皇に進言したことを待つ（松＝天皇）によりかかったフジにたとえているとも解釈できます。
「百年に一度、千年の間に十回繰り返して咲く」という伝説から、松の花を「十返りの花」といいます。これをふまえると、天皇一代に一集の勅撰和歌集を「松の十返りの花」にたとえているともとれます。「古今和歌集」以来、勅撰歌集はこの「新後拾遺集」で二十集目になります。

ことしはや…
二条（藤原）良基は何度も関白太政大臣を務めた公家で、義満と同時代の人。武家政権との連携を重んじていました。この歌は、貞和二（一三四六）年に詠まれました。我が世の春を謳歌する自信満々の歌です。「若紫」は、その前年に誕生した嫡男・師良（もろよし）を指していると思われます。藤原北家の名門・二条摂関家は、二条良実（義実、良基の曾祖父）を開祖とし、兼基（かねもと）・道平（みちひら）・良基とすでに三代を越えており、さらに嫡男師良に引き継ぐ予兆を感じながら、これを祝した歌と考えられます。この年の二月には、良基は関白・氏の長者となっています。
二条藤原家は、良基の父・道平の代で鎌倉幕府から倒幕の疑いを掛けられ、一時断絶も取り沙

春日山北の藤波咲きしよりさかゆべしとはかねてしりにき
大納言師頼《もろより》（「詞花集」―二八二）

枯れはつる藤の末葉のかなしきはただ春の日をたのむばかりぞ
左京大夫顕輔（「詞花集」―三九九）

足利義政と室町殿の白藤

フジと言えば藤棚を思い浮かべるほど、現在はフジの鑑賞方法としては棚仕立てが一般的ですが、これは元禄時代（江戸時代中期）から始まった比較的新しい植え方です。

室町幕府第八代将軍・足利義政は室町殿[※1]に庭を築き、長禄三（一四五九）年、そこに白藤を求めさせました。

寛正二（一四六一）年に「永明院の兆司殿より白藤を献じさらに十月七日に白藤の根を南明軒より献じて西殿の下に植えた」と『室町時代庭園史』に記されています。【資26】義政は、室町殿の屋根のひさしに沿って這わせ、六年後に開花したのを楽しみました。これが後世の藤棚の先駆けといわれています。

その後戦国時代末期の永禄五（一五六二）年六月十一日「お湯殿の上の日

汰されましたが、良基がその危機を乗り越えました。その後二条家は五摂家（せっけ）として繁栄し、現在は三十代目・二条基敬氏に至っています。

春日山…
「春日山の北に藤が咲いているので、藤原北家は栄えると思っていましたよ」。ヨイショする歌でしょう。作者、源師頼は、平家台頭直前の時代の公家。最近人気の「悪左府」藤原頼長（よりなが）に漢学を講じていました。

枯れはつる…
「藤原氏とはいえ、末流であるわが家は没落しまった。春日明神のご加護を祈るばかりです」。作者、藤原顕輔は、師頼の同時代人。出身は歌の家として存在感のある六条藤原家で、自身も歌人として知られていましたが、政権からは遠かった。この歌が収められた「詞花集」の選者でもあります。

※**1**「室町殿」は室町幕府将軍の邸宅のこと。花が多く植えられたことから、「花の御所」とも呼ばれていました。足利義政は銀閣寺に代表される東山文化を築いた将軍ですが、政治的な力は弱く、応仁の乱を招いてしまいます。

※**2**「お湯殿の上の日記」は宮中の女官達が交代で書いた業務日報。約三百五十年分（！）が残っているとか。

記」[※2]に「御かかり（蹴鞠を蹴り掛る樹木）のふじのたなをさせらるる」とあるのが、藤棚の文献上の初見です。【資27】

それから百年以上を経た元禄時代（一六八八～一七〇四年）、人々は豊かになり身近な場所でフジを観賞し始めました。

都市部あるいはその周辺の比較的狭い敷地の中で、効率的にフジを鑑賞する方法として、藤棚が普及し始めたのです。

「摂陽群談《せつようぐんだん》」[※3]第十七巻には「谷町藤」の記事中に「観世音を安置し、藤の棚を造り、枝葉次第に溥り、手折る時は、尺地に餘り、藤の頃群を成す」とあり、そのあとにも各地のフジについて記載されています。

江戸の亀戸天満宮（亀戸天神社）には「池の上左右に棚あり」、佃島住吉社には「神前に方六十余丈棚枝葉つらなり」、また上野山王社のフジについては「社の前に棚有りわたり二十間におよぶ」、さらに根岸の里寶鏡山《ほうきょうさん》（円光寺）のフジについて「池辺にそいて三十余間の棚紫白の色をあらそう」など、藤棚で鑑賞する現在の様式が定着していきました。【資28】

コラムでは、この時代に植えられ現在も咲いている歴史的な意味のあるフジを紹介しましょう。

※3「摂陽群談」は摂津国（現在の大阪府北中部～兵庫県南東部のエリア）の自然や町村などを記した地誌。

磐田市行興寺「熊野の長藤」

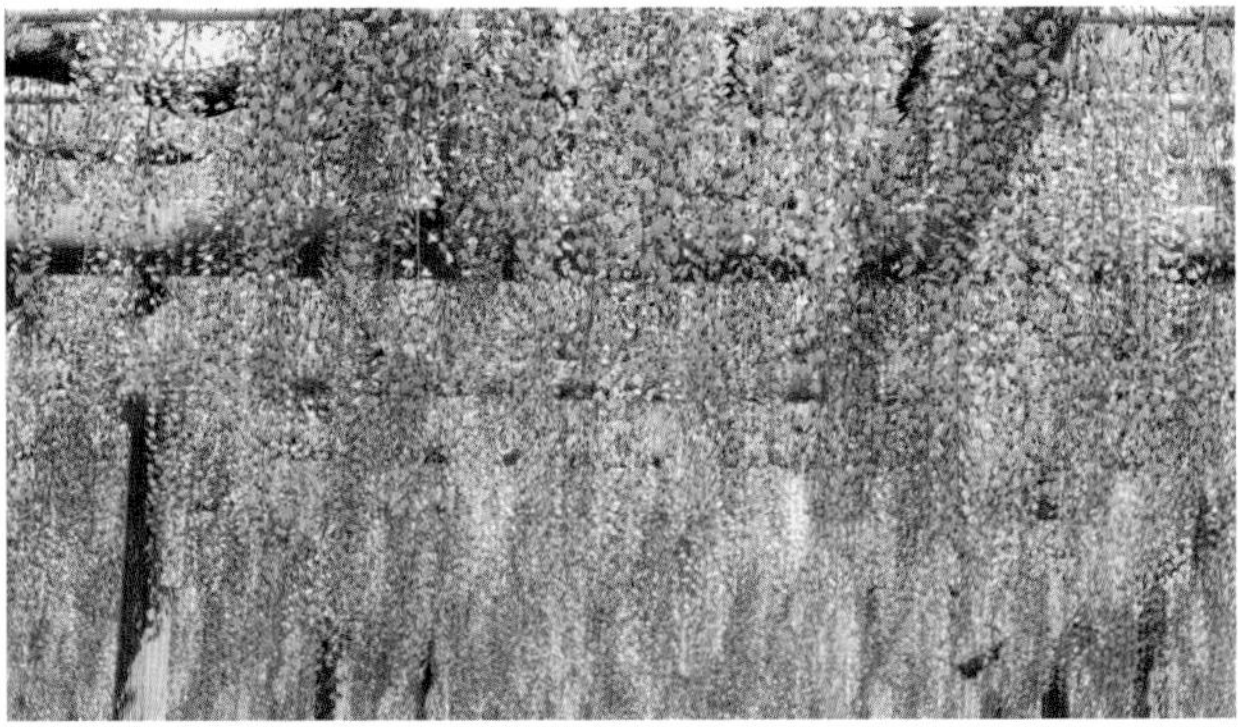

六尺フジの原木とされる熊野《ゆや》の長藤は鎌倉時代初期に植えられました。謡曲「熊野《ゆや》」で有名な熊野御前の墓がある行興寺《ぎょうこうじ》には天然記念物のフジが六本あります。豊田熊野記念公園と行興寺境内を合わせ、約千六百平方メートルにフジが咲き誇ります。中でも平清盛の三男・宗盛の寵愛を受けた熊野御前が植えたと伝えられるフジは樹齢八百年を超え、根まわり二メートルもあり国指定天然記念物です。その他五本の県指定天然記念物の長藤が咲きます。花の見頃は四月下旬から五月初旬で、花房の長さは一メートル以上、中には一・八メートルになる房もあります。

行興寺の門前に立ちますと、駿河湾にいたる緩やかな丘陵地帯が広がり、空気感が都会とは全く違います。やはりフジが長年にわたり咲き続けるのは、フジに適した自然環境が一番大切だと感じさせられました。

【所在地】 静岡県磐田市池田三三〇
【アクセス】 東名高速磐田ＩＣから車で二十五分

奈良・春日大社の砂ずりの藤

春日大社の本殿前のフジは、花の穂が地面に擦れるほど長いことから「砂ずりの藤」とよばれ有名です。鎌倉時代後期の一三〇九年に描かれた絵巻「春日権現験記」にもここにフジがあったことが記されていますから、樹齢は八百年、「牛島の大藤」の子孫といわれています。春日大社の神紋は「下り藤」です。フジは境内の至る所に古くから自生し、藤原氏ゆかりの藤ということもあり、奈良時代以来大切にされてきました。

すぐ横に春日大社の本殿があり、本当に歴史の深さを感じさせるフジです。春日大社本殿の裏に回ると、春日野のフジ（ヤマフジ）を、近くには万葉植物園「藤の園」のフジも見ることができます。

【所在地】 奈良県奈良市春日野町一六〇
【アクセス】 JR「奈良駅」、「近鉄奈良駅」から徒歩二十五分
近鉄奈良駅から奈良交通バス「春日大社本殿前」下車すぐ
＊車でも春日大社の大きな駐車場があり便利

◯野田藤の歴史を伝える「藤伝記」と「藤伝記絵巻」

「はじめに」で紹介したように、日本のフジの標準和名である「ノダフジ」は、江戸時代の野田村、現在の大阪市福島区の玉川春日神社に自生していたフジが、「野田の藤」とよばれていたことに由来します。

「野田の藤」には長い栄枯盛衰の歴史があります。「藤伝記」は、その前半部分を伝える古文書です。鎌倉時代から江戸時代初期までの「野田の藤」について、藤家九代・藤宗左衛門（宗慎）によって、断片的な記録、伝承、伝説が集められ、貞亨三（一六八六）年に成立したものです。これを手がかりに、すでに知られている史料も加えて、中世から戦国時代までの「野田の藤」に関連した歴史と文化を検証しました。

「野田の藤」の起源は「野田の細江」に流れ着いたフジ

後世、「野田の藤」とよばれるフジは、中世初期にはすでに「難波潟《なにわがた》の野田の細江に咲く藤」として、貴族の間では知られていました。弥生時代まで、谷町台地を除く現在の大阪の市街部は大部分が海の底または干潟であり

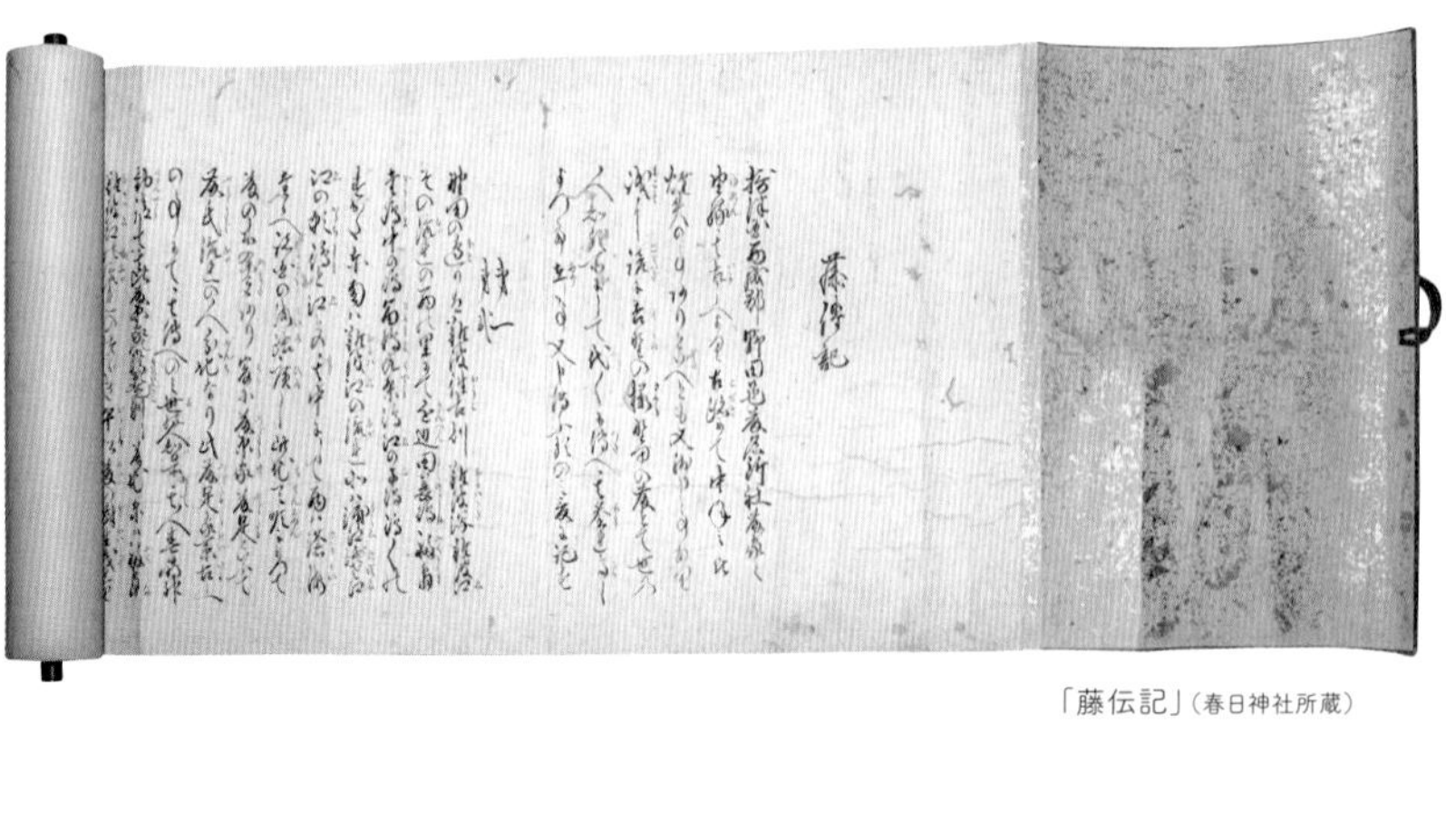

「藤伝記」（春日神社所蔵）

【資29】、淀川と当時河内平野を北上して流れていた古大和川が、寝屋川付近で合流し、大阪湾に流れ込んでいました。ここに上流から運ばれた土砂が堆積し、万葉の時代には、難波の八十島《やそしま》と言われる島が次々と出現しました。

「藤伝記絵巻」全三巻　（春日神社所蔵）

あるとき、上流から多量の土砂とともにフジの木が濁流に乗って流れ着き、たまたまその島の一つに根を下ろしました。平安時代は野田州とよばれていたその島には、東西を横切る「野田の細江」とよばれたおよそ二キロにわたる深い入り江がありました。【資30】温暖な気候と豊かな水に恵まれ、数百年をかけてこの入り江に沿って野生のフジが繁茂していきました。鎌倉時代になると島の周囲には堤防も築かれ、人が住むようになり、「野田郷」とよばれるようになりました。この入江を取り巻く木々に寄り添ってフジが咲き乱れていたことが、時の太政大臣西園寺公経《きんつね》の次の和歌に残されています。【資31】

難波かた野田の細江を見渡せは藤波かゝる花の浮橋　公経

公経は、藤原北家一門の公家で、源頼朝と婚姻関係を結び鎌倉幕府との

浪速かた…
群生する藤の花が、野田の入り江にかかる浮橋のようだ。

「藤伝記絵巻」全三巻（春日神社所蔵）

緊密な関係を築きました。承久三（一二二一）年、「承久の変[※1]」において、後鳥羽上皇の倒幕計画をいち早く鎌倉幕府方に諜報し、幕府の勝利に貢献しました。こうして得た幕府の絶大な信頼を背景に、傑出した政治的手腕を発揮し、関東申次（朝廷と幕府の連絡役）に次いで現代の首相に相当する太政大臣に上り詰め、朝廷内で絶大な権勢を誇っていました。公経の権勢を示すのはその驕奢な生活ぶりで、海内の財力が尽くされたといわれます。洛北に営まれた西園寺とよばれる北山の別邸[※2]は、世に豪華の極致といわれた藤原道長の法成寺に勝るとも劣らないと評判になりました。豪壮な別邸は北山ばかりでなく、天王寺、吹田、槇の嶋と構築され、特に吹田の水郷にある別邸は船で出入りする別天地で、はるばる有馬の温泉から毎日二百の桶で出湯を運んだと伝えられます。公経はそこから舟で淀川を下り野田の地を訪れていました。

前掲の和歌はフジが野田の細江を囲む木々に絡まり、浮き橋のように咲く風景を描写しつつ、木と木を朝廷と幕府に、その間にツルを伸ばし咲くフジを藤原（公経）に見立てて、朝廷と幕府の間に立って、わが世の春を謳歌している自分自身のすがたを歌い上げているのです。

本当に一～二本のフジが数百年の間にあたり一面に広がるのでしょうか。自然に生育するフジは、水辺に近い日当たりのよい傾斜地に沿った森林の縁でよく育ちます。フジは、幼木からツルが伸びると、まず近くにある

地上茎（奈良 万葉植物園にて撮影）

※1承久の変は、摂津国（せっつのくに、現在の大阪府北中部～兵庫県南東部）椋橋荘（むくはしのしょう、現在の豊中市）を巡る争いに端を発し、後鳥羽上皇が鎌倉幕府執権・北条義時討伐の兵を挙げたもの。上皇は鎌倉方の大軍に敗れて隠岐島に流され、以後、明治維新に至るまで武家政権が続きます。公経が鎌倉方の大勝の影で動いていたことはほとんど知られていません。

※2室町時代になると、足利義満がここに金閣寺を建立します。

低木に絡まりつきます。成長するに従って中くらいの木に、最後に高木に絡まりつきます。絡みついた木の表面を覆うように繁茂して、太陽の光を独り占めするので、絡まれた大木は長年の間に徐々に弱り、枯れてしまうこともあります。

最初に野田の砂州に流れ着いたフジの木は、ともに流れ着いた土砂に半分埋まりながらも、なんとか根づいたのでしょう。そこは樹木がまばらな「疎林」であったと思われます。疎林では、太陽の光は木々の間から地面まで差し込んでくるのでフジは成長できます。疎林は栄養分が少ないですが、マメ科植物のフジは空中窒素を固定して養分として取り込むことができるので、痩せた土地でも育ちます。

こうして根づいた一本または数本のフジは、その後、数百年の間に、「野田の細江」一帯に広がりました。自然のフジは、マメを飛ばして幼木を増やし、成木になると地上茎を伸ばして広がります。図は、栃木県の小川学習参考林での観察結果で、三個体のノダフジからどのように地上茎が伸びているか示しています。最もたくさん地上茎を伸ばしたフジの地下茎は、なんと全長三百十メートルにもなっていました。元の株から最も離れた場所で約二十五メートル、三十八本のツルを伸ばし、うち十六本が木に絡みついていました。【資32】野田の藤が最初の親木から、長年月の間に「野田の細江」一面に広がっていった様子が想像できます。

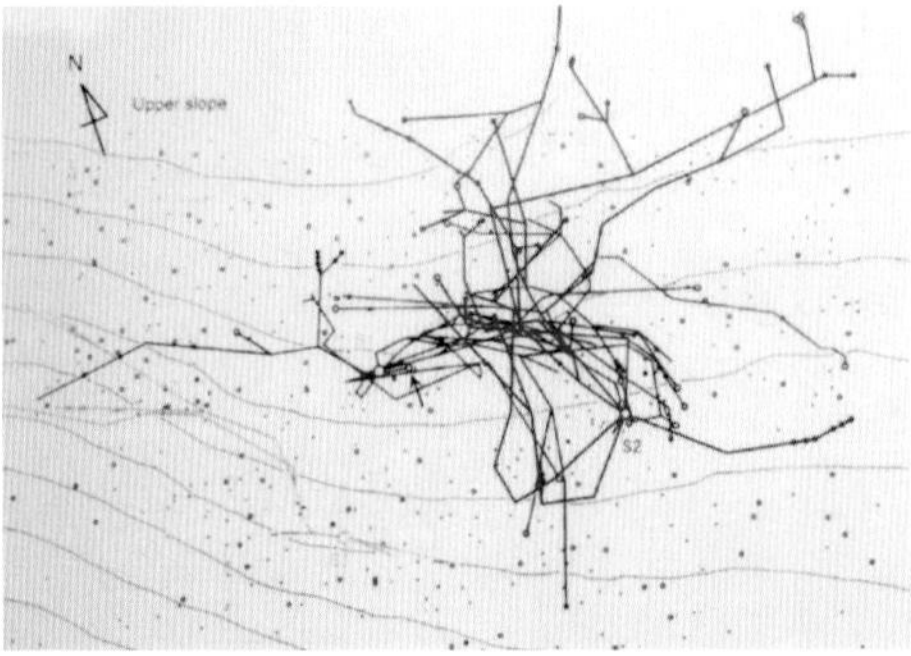

フジの地下茎の広がりを示した図。【資32】3株のフジの広がり方を調べ、色分けして示しています。

藤の木が流れ着いたところに勧請《かんじょう》された 明石市の住吉神社

明石市魚住《うおずみ》の住吉神社はフジとの縁が深い神社です。伝承によりますと、神功《じんこう》皇后が三韓征伐の際、播磨灘で暴風雨に遭い、魚住に避難しました。しばしここに滞在し、住吉大神に祈願をすると暴風雨がおさまったといいます。このように初めて住吉大神が祀られた地ということで、「住吉神社の発祥の地」とされています。凱旋後、神功皇后により住吉大神は摂津国住吉に祀られました。

大阪の住吉大社に伝わる「住吉大社神代記」によりますと、住吉大神より「播磨国に渡り住みたい。藤の枝の流れ着く所に祀れ」との託宣があり、藤の枝を海に浮かべると魚住に流れ着いたといいます。そこで雄略天皇八年に当地に住吉大神を勧請

雄略天皇の在位は五世紀と考えられます。しかし、在位期間を示すはっきりした記録は見つかっていません。

したのが、創建の由来とされています。【資33】このとき、流れ着いたフジが根づいたか否かはわかりません。

ここでは、御神木「祓除《はらい》の藤」が、春には見事な花を咲かせています。現在のフジは明治時代に、三代前の宮司の手によって移植された「山崎・大歳神社の千年藤」の子孫です。神社の周辺には新しく藤棚が整備され数十本のフジが咲き誇る藤名所になっています。

また、境内には明石藩初代藩主・小笠原忠政が寛永四（一六二七）年に建造した能舞台があり、毎年五月一日に能楽会が催され、フジとともに鑑賞できます。

【所在地】兵庫県明石市魚住町中尾一〇三一
【アクセス】山陽電車「山陽魚住駅」より南へ徒歩五分
JR魚住駅　出入口2（海側）より南へ徒歩十七分
明石市コミュニティバス山陽魚住駅バス停より南へ徒歩五分
旧浜国道（県道718号線）「山陽魚住駅東」交差点より海側へ
明姫幹線（国道250号線）「魚住町住吉1丁目」交差点より海側へ

南北朝の両雄が詠んだ「野田の藤」

南朝と北朝が争っていた南北朝時代においても、両朝の総帥が「野田の細江に咲く藤」を和歌に詠んでいました。このフジは小船に乗ったまま見ることができたので、当時の貴族の間ではかなり知られていたと思われます。「野田の藤」が有名になった背景には、昔から交通の便がよかったことが一因です。

室町幕府第二代将軍・足利義詮の住吉詣で

室町幕府将軍といえば、初代将軍足利尊氏、金閣寺を中心とする北山文化を築いた三代義満、銀閣寺を中心としたわび・さびの東山文化を築いた八代義政、剣豪将軍・十三代義輝、室町幕府最後の将軍・十五代義昭が有名です。義詮《よしあきら》は父の足利尊氏と三代目で嫡子の義満の間に挟まれ、一般にはあまり知られていない存在ですが、父・尊氏から引き継いだ室町幕府の基礎を固めた実務能力の高い有能な将軍でした。

元弘三（一三三三）年、隠岐島を脱出※した後醍醐天皇が船上山で倒幕の軍を上げると、それを討伐するために、北条高時の命を受け尊氏は鎌倉を出陣しましたが、朝廷を攻めると見せかけ寝返り、京都の六波羅探題を攻撃しました。このとき、義詮はわずか四歳で千寿王とよばれていましたが、

※このころ後醍醐天皇は、一三三一年に起こした倒幕計画（元弘の変）に失敗し、承久の変で敗れた後鳥羽上皇と同じように隠岐島に流刑になっていました。一三三三年に島を逃れ、再び兵を挙げたわけです。

危うく鎌倉を脱出し、新田・足利連合軍とともに北条高時を鎌倉で討ち取る合戦に参加しました。その後、父・尊氏の名代として鎌倉を守り、尊氏の死後、二十八歳で朝廷から征夷大将軍に任ぜられ、室町幕府第二代将軍となりました。

北朝暦貞治三（一三六四）年四月、三十四歳の義詮は住吉大社参詣に行く途中、野田の玉川に立ち寄りフジの花を愛でたことが「義詮難波紀行」【資34】に記されています。このときに詠まれた和歌が二首伝わります。

いにしへのゆかりを今も紫のふしなみかゝる野田の玉川

この付近が明治三三年、第一次市域拡張によって大阪市に編入されたとき、この歌にちなんで、玉川と命名されました。これは「新古今和歌集」の能因歌枕の中の「夕されば汐風こしてみちのくの　野田の玉川千鳥鳴くなり」を踏まえた歌といわれています。摂津古曽部の歌人・能因法師が遠く奥州へ歌心の旅に出たとき、陸奥塩釜宮城県塩竈市の「野田の玉川」で詠んだ歌です。塩竈の「野田の玉川」は歌枕に使用された全国の六つの玉川（六《む》玉川《たまがわ》）※の一つです。

紫の雲をやといはむ藤の花野にも山にもはいぞかかれる

いにしへの…
紫の藤波は、いにしえの由緒を今も変わらずに伝えていますね。

※六玉川とは、「野路の玉川」（滋賀県草津市野路町）、「野田の玉川」（宮城県塩竈市）、「調布の玉川」（東京都の多摩川）、「井手の玉川」（京都府井手町）、「三島の玉川」（大阪府高槻市）。「高野の玉川」（高野山）です。

いかにも天下を平定した征夷大将軍の自信に満ちた和歌ではないでしょうか。

大阪市によって春日神社境内に建てられた「野田の藤跡」の歌碑には、この和歌が刻まれています。

義詮が、難波紀行を行った貞治三年は、すでに南朝方の有力武将、楠正《くすのきまさ》成《しげ》・正行《まさゆき》父子はそれぞれ湊川《みなとがわ》の合戦（建武三・一三三六年）、四条畷《なわて》の合戦（貞和五・一三四八年）で敗死し、南朝方は吉野の奥、賀名生《あのう》に追いやられ、南朝という政権の実態はなくなっていました。

しかし、正平七年、八年、一〇年の三回にわたり、北畠顕能《きたばたけあきよし》・楠正儀《まさよし》が率いる南朝軍は京都を奪い、その都度、尊氏・義詮は天皇を奉じて近江へ退きました。その後、幕府軍はすぐに京都を奪回したとはいえ、南朝の力は侮りがたいものがありました。

一進一退の戦を繰り返すうち、正平一五（一三六〇）年から正平二〇（一三六五）年までの五年間、後村上・長慶両天皇は住吉に進出し、ここに行宮《あんぐう》（臨時の御座所）を置いていました。義詮の住吉詣は、まさにこのような状況下で行われたことになります。当時は野田村も南朝方の勢力圏でした。その後まもなく南北朝の和平交渉が始まりましたが、義詮の住吉詣がそれにかかわっていたのか

紫の雲をやと…
野山に広がる藤の花はまさに紫の雲のようだ。

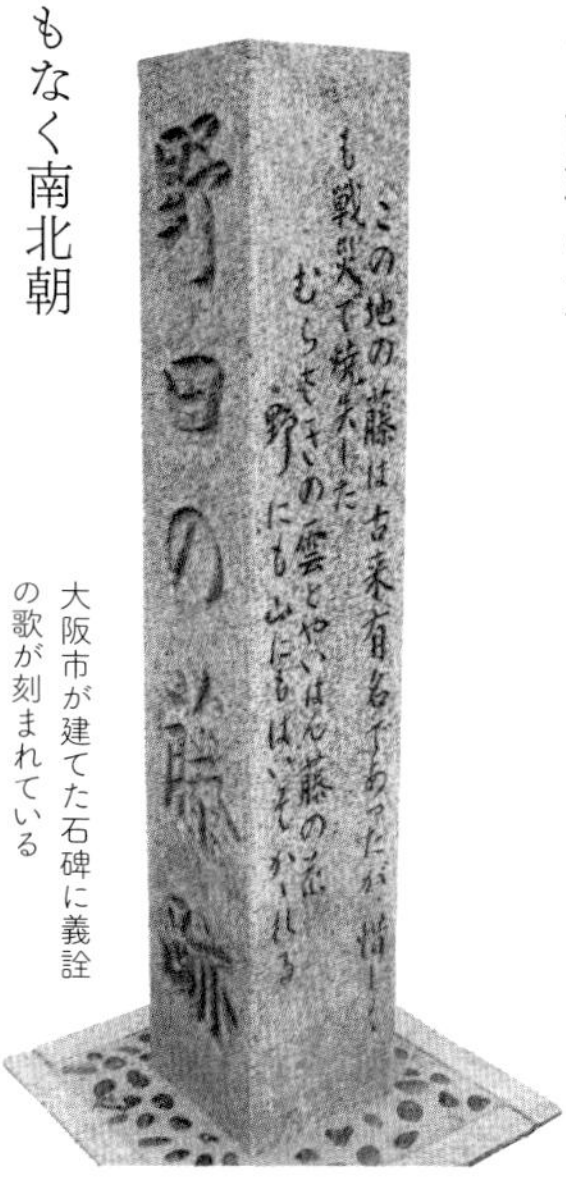

大阪市が建てた石碑に義詮の歌が刻まれている

明らかでありません。【資35】

南朝が神器を北朝に返還し南北朝時代の幕が閉じるのは、義詮のフジ遊覧から三十年後の、明徳三（一三九二）年のことです。

後醍醐天皇第五皇子・宗良親王の千首詠歌

義詮の住吉詣の十三年後の天授三（一三七七）年、後醍醐天皇第五皇子・宗良《むねなが》親王が「難波潟の深い入り江の藤」、すなわち後世の野田の藤を、次の和歌に残しています。【資36】

いかばかり深き江なれば難波潟松のみ藤の浪をかくらむ

（「宗良親王千首詠歌」一一八七）

宗良親王は幼時から二条流の和歌に親しみ、早くから歌人としての才能をあらわしていました。南北朝時代第一流の歌人とされていますが、一方、南朝方の勇猛な武将でもありました。

後醍醐天皇は、比叡山の兵力を味方につけるため、宗良を延暦寺の天《てん》台座主《だいざす》としました。元弘の乱が勃発すると、父天皇とともに笠置《かさぎ》に拠ったが捕らえられ、讃岐に流され、のち後醍醐天皇の帰京とともに京に戻りました。

いかばかり…小舟に乗り、難波潟の奥深い入り江に静かにこぎ入れた情景を想像しながら詠まれた歌。深い入り江、きっとそこでは、松（帝）だけが藤（藤原氏）を波打たせていることだろう、という寓意性の高い和歌です。宗良親王の父・後醍醐天皇は、摂政関白を置かない天皇親政を夢見ていました。「延喜の治」といわれる天皇親政を敷いた醍醐天皇（在位八九七～九三〇年）の時代を懐かしんでいたのでは。

尊氏が建武政権に離反すると、還俗して宗良と名乗り、各地で足利幕府軍と戦いました。南朝方は、護良《もりよし》親王、北畠顕家《あきいえ》、新田義貞《にったよしさだ》らを相次いで失う中、再起をかけて大船団で伊勢を船出しましたが、暴風に遭い遠江《とおとうみ》に漂着しました。以後、南朝勢力挽回のため遠江国井伊谷、越後国寺泊、信濃国大河原などを転戦しましたが、ついに東国に南朝方の拠点を築くことはできませんでした。

天授三（一三七七）年、信濃から吉野行宮に帰った頃、和歌千首を詠み、その中の春歌二百選に「いかばかり」の和歌を選びました。長年、流転・転戦の末、失意の内に吉野に帰ってきた頃に詠まれた心静かな歌です。

親王はこの和歌を吉野の行宮で詠んでおり、実際に野田には来ていません。このことから、野田の細江に咲く藤は、当時の畿内一円の貴族の間で知られていたことがわかります。

「二十一人討死の合戦」と「野田の藤」

親鸞《しんらん》上人に始まる代々の本願寺宗主といえば、本願寺教団を一挙に拡大した八代宗主・蓮如《れんにょ》、大坂（石山）本願寺を拠点に信長と十年間戦った十一世・顕如《けんにょ》とその嫡子、教如《きょうにょ》がよく知られています。その間にあって十世・証如《しょうにょ》はあまり知られていませんが、当時畿内一円を支配していた最強の武士団を率いる細川晴元《はるもと》に対して数万の門徒を動員して、天文元（一五三二）年八月から天文四年秋まで、断続的ながら足かけ四年間も戦っていました。これはのちに「畿内天文の一向一揆」（または法華宗側からは「一向法華の乱」）とよばれる戦乱でした。

地元では「二十一人討死の合戦」といわれているこの出来事は、その初期、天文元年八月九日にあった戦いを今に伝えています。

開戦当初は、享禄五年六月二〇日に十万の軍勢で堺の顕本寺で三好元長《みよしもとなが》を討ち取り、勢いに乗った本願寺が圧倒的に優勢でしたが、八月二日、京の法華宗が晴元側に味方したため戦況は逆転、八月四日、細川晴元の武将・木沢長政《きざわながまさ》が本願寺を攻撃します。八月九日の合戦は本願寺側が総崩れになるほどの惨敗でした。【資37】このとき本願寺勢が敗退する中で証如が乱戦に巻き込まれ危地に陥り、証如を守って野田村の門徒二十一人が討ち死にしました。このとき、証如が落ち延びる小舟の上で書いたとされる「野田御書《のだごしょ》」とよばれる直筆の宗主感状が、圓満寺（福島区玉川四丁目）と春日神社に伝わります。この文書は大変珍しいので少し説明したいと思います。

親鸞上人を開祖とする本願寺教団は一向宗ともよばれ、戦国時代各地で一向一揆を起こし武士階級を悩ませていたことはよく知られています。彼らは「親鸞上人のために討ち死にすれば極楽浄土に往生する」と信じていましたので、死を恐れず勇敢に戦ったのです。

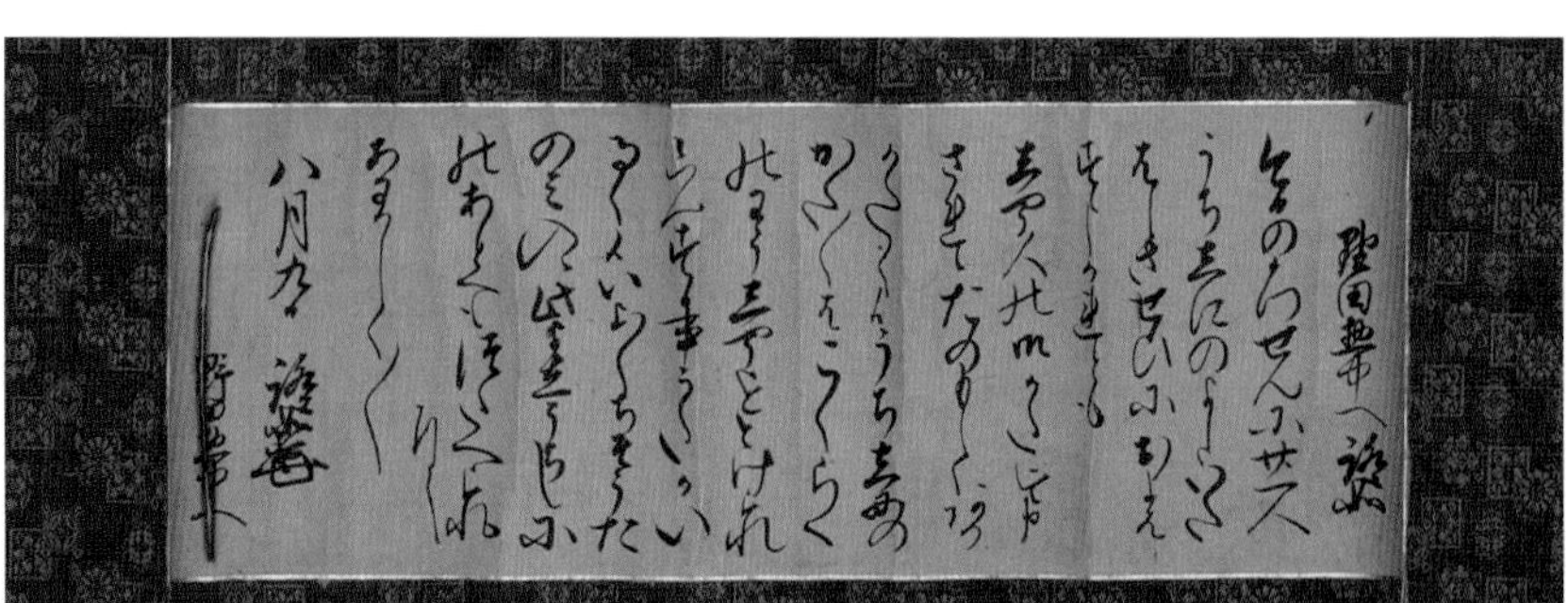

春日神社所蔵の「宗主感状」。圓満寺所蔵の文書と同一。圓満寺の文書は「野田御書」とよばれ、大阪市指定文化財になっている

野田御書は、当時生き仏と信じられていた本願寺宗主である証如が、極楽往生を保証した珍しい文書です。この文書の写本は各地で十一通見つかっていますが、これはその原本で、このような文書は他に存在しません。「討ち死にすれば極楽往生間違いなし」と本願寺宗主が言ったことは口伝えで一向宗門徒の間に広まり、死を恐れず敵に立ち向かった門徒の心のよりどころとなりました。

この合戦で野田藤も家屋敷もろとも灰燼《かいじん》に帰したとされています。圓満寺などに伝わる寺伝によれば、戦いを指揮した有田勘兵衛《ありたかんべえ》は討ち死にしましたが、その子・和三郎は後、野田新家にあった南徳寺を創建しました。この南徳寺は戦災で焼失しましたが、勘兵衛の子孫は十四代を経て現在も大阪府茨木市で南徳寺を守っています。証如を肩に背負い戦場を脱出した久左衛門は、のちに証如から「念仏」という姓をいただき、その子孫は今も「念仏」姓を名乗っています。大手新聞社の記者として活躍しておられる方もいます。証如を小舟で逃がした藤三郎左衛門《ふじさぶろうざえもん》（藤家六代目）は、のちに戦功を上げ本願寺の直参門徒に取り立てられました。【資38】その子孫は江戸時代、代々宗左衛門を名乗り、野田村の庄屋職を務めるかたわら、「野田の藤」を江戸時代末まで守り続けました。

なおこの合戦の半月後の八月二十四日、山科本願寺が法華宗・晴元連合軍によって焼かれたことはよく知られています。証如は天文四年九月頃、

野田惣中へ　證如
今日の合せんに廿一人
うち死にのよしいた
はしさせひにおよは
す候　しかれとも
しやう人の御方を申
されたのもしくあ
りかたく候　うちしにの
かた〱はこくらく
のわうしやうをとけられ
候はん事うたかい
なく候　いよ〱ちさうた
のミ入候　此よしうちしに
のあとへもつたへられ
く候
あなかしく
八月九日　證如判
野田惣中へ

野田惣村のみなさまへ　證如
今日の合戦で二十一人もが亡くなったことをなんともいたわしく思います。それなのに（親鸞）上人の味方をされることはとても頼もしくありがたく思っています。討ち死にされた方々が極楽往生を遂げられるのは疑いありません。これからも力を貸していただきたくお願いします。このことは討ち死にした人の子孫にも伝えていただきたいと思います。
つつしんで
八月九日　（證如）
野田惣村のみなさまへ

晴元と和解し、その後、朝廷や諸国の武士と友好関係を保ち、大坂本願寺の基礎を固めました。

織田信長と三好三人衆の決戦を生き延びた「野田の藤」

山城・摂津・河内・和泉・大和・丹波・阿波・讃岐・淡路・播磨など十一か国を支配し、天文二二（一五五三）年以後約十年間にわたって事実上天下を取っていた三好長慶《ながよし》は、永禄七（一五六四）年、飯盛山《いいもりやま》城で永眠しました。その後も戦国三好一族による畿内の支配は続いていましたが、永禄一一（一五六八）年、織田信長が京の都に入り、足利義昭を第十五代将軍につけたことで戦国三好政権は崩壊、三好三人衆（三好長逸《ながやす》・三好宗渭《そうい》・石成友通《いわなりともみち》）は四国に逃れました。しかしこのとき、三好勢はほぼ無傷のまま兵力を温存していました。

三好三人衆は密かに本願寺十一世・顕如（証如の嫡子）とはかり、信長を摂津国の南端・野田福島に誘い込み、近江国で本願寺門徒、本願寺と結んだ浅井・朝倉および延暦寺が信長の岐阜への退路を断つという遠大な信長打倒計画を立てました。

八千の三好勢は、雑賀《さいが》（鈴木）孫市《まごいち》率いる鉄砲隊三千とともに、元亀元（一

三好長慶（一五二二〜一五六四）は、四国・阿波出身の武将。「信長に先んじて天下を取っていた戦国武将」として、近年その業績が見直されつつあります。大阪や徳島を中心に、「三好長慶をNHK大河ドラマに」という動きもあります。長慶は、天文二二（一五五三）から永禄元（一五五八）年まで室町幕府十四代将軍・義輝を近江国（現在の滋賀県）に追放し、芥川山城（現在の高槻市）と飯盛山城（現在の大東市）を拠点に、まさに天下を制する状態にありました。最盛期の勢力圏は畿内五カ国（山城・摂津・河内・和泉・大和）、阿波、淡路、讃岐、丹波におよびました。官位は従五位下、修理大夫、相伴衆に過ぎなかったものの、天皇の信頼も厚く、実質的に幕府の実権を握っていました。また連歌をよくし、「理世安民」（りせいあんみん、世を治め民を安らかにする）を旗印とする、文武両道に秀でた武将でした。「天下布武」の信長や「風林火山」の信玄とは大違いですね。

五七〇）年、野田城（「野田福島の城」ともいう）に立てこもりました。

　この野田城は、大阪市福島区野田・玉川地区にあった巨大な水城でした。城といっても、元々あった環濠《かんごう》（周囲の堀）を深く掘り下げ、そこに逆茂木《さかもぎ》を立て外堀とし、城の内側に土塁を盛り上げ、その上に城壁・矢倉・城戸を巡らした巨大な砦《とりで》でした。ここは東と南は大川（淀川）、西は蒼海に面し、周囲は沼田に囲まれ攻めにくい地形でした。

　この合戦は「野田福島の合戦」（一回目）とよばれ、その後十年続く信長と本願寺との戦い「大坂本願寺合戦（いわゆる「石山合戦」）」の発端となった歴史的に重要な戦いでしたが、その三か月前にあった「姉川の合戦」や翌

年の比叡山焼き打ちの影に隠れてか、広く知られているとはいえません。

九月十二日、信長は海老江《えびえ》城に、将軍・足利義昭は浦江《うらえ》城に陣を敷き、そこを拠点にその南方に位置する野田城を根来衆三千挺の鉄砲で攻め立て、三好方の雑賀衆も三千挺の鉄砲で応戦しました。あわや落城と思えたその日の夜半、かねて示し合わせてあったごとく、本願寺の寺内で早鐘を打ち続け、門徒衆に決起を促しました。これを合図に多数の門徒衆が駆けつけ、川口、楼《ろう》の岸《きし》の信長方の砦を攻めました。同日、信長が野田福島で足止めを食っているのに符合するように、比叡山延暦寺、一向一揆、浅井・朝倉連合軍が近江国で決起しました。

十三日は朝から西風が強く吹きつけ、淀川の水が上流に逆流し始めたので、三好軍は川の至る所で堤を切って寄せ手の陣に水を流し込みました。水は信長・義昭両軍の陣営を浸し信長は思わぬ苦戦に見舞われました。

二十日には、浅井・朝倉連合軍に近江の一向一揆も加わり、約三万人が近江坂本に進み志賀城を攻めたため、信長は岐阜への退路を断たれることを恐れ、大坂の陣を断念し、二十三日には兵を収めて京都に退きました。その後、正親町《おおぎまち》天皇の斡旋で和議が結ばれ、信長はかろうじて岐阜に戻ることができました。

この合戦で、信長の大軍は海老江・浦江方面から野田城を攻めるに際し、城の周囲は井路川と沼田に囲まれていたため、浦江村から野田村に通じる細い一本道を通って南下しました。
三好勢は、この道の野田村への入口付近に強固な城戸を設け、守りを固めたと思われます。ちょうど城戸の内側に現在の春日神社が位置していましたので、そこにあったフジは伐採を免れたのです。
三好一族は次のような藤の和歌を詠んだと伝わります。【資39】

こゝも又おなし心に春日さす光りにもれぬ藤の神垣　三好長逸

けふこゝに春日の宮に来て見れはうへなき色の藤のむら雲　篠原長秀

春日野のゆかりの色の宮居ます若むらさきの野田の藤か枝　石成友通

春日神社一帯のフジを三好一族は大切にしていたようで、現在の春日神社周辺のフジは、かろうじて激戦の中を生き残ることができました。
なお「惣見記」※（信長公摂州野田福嶋大坂表御出馬御働事）によると、「信長公頓て彼表は御出馬有、敵は三千挺の鉄砲を仕掛けて雨のふるがごとくに打」とされており、この合戦は日本で最初に鉄砲が大規模に使われたという「長篠の合戦」（天正三・一五七五年）に先立つこと五年の出来事でした。

こゝも又…
春日神社の神の威光はここの藤垣も変わらずに照らしている。

けふこゝに…
春日神社の藤の色はこのうえなく、瑞兆を示す紫雲のようだ。

春日野の…
野田の藤が咲くこの宮は、奈良の春日神社のゆかりを示している。

※「惣見記」は「織田軍記」とも呼ばれる織田信長の事績を記した戦記。江戸時代に成立したとされる。

信長の焼き打ちから生き延びた
草津市・三大神社の藤

野田福島の合戦の翌年の元亀二（一五七一）年九月十二日、信長は本願寺に味方した比叡山を焼き打ちしました。このとき、琵琶湖を挟んで比叡山の対岸にある三大神社も焼き払われたといわれます。しかしそこに植わっていたフジの木は強い生命力で生き延び、その後近隣の住民が長年守ってきました。

現在は、南北が十四・九メートル、東西が十メートルの長方形で百四十九平方メートル（四十五坪）を占める藤棚が設けられており、花穂が最長一・八五メートルと長く地面に擦るほど長くなります。「砂ずりの藤」とよばれ、滋賀県指定天然記念物に指定されています。花序の長さと密度が藤棚一面にほぼ一定になるよう、丁寧に整然と棚作りが行われており、毎年春には多くの訪問者の目を楽しませています。枝振りが整然と整ったフジで、関西地方で最も美しいフジ名所の一つです。

【所在地】 滋賀県草津市志那町三〇九
【アクセス】 ＪＲ琵琶湖線「草津駅」からバス十二分「北大萱」下車徒歩七分
草津駅からバス十三分「吉田口」下車徒歩七分＊駐車場あり

秀吉も愛でたという「野田の藤」

天下を統一した豊臣秀吉も野田へフジ見物に訪れたといわれています。このことは「藤伝記」第廿五に次のように記されています。

「文禄三年午春、太閤秀吉公、藤の花盛の節、古将軍にも古跡をしたひ給ひし地なれバとて、ひこばへの花ゆかしく思召、御遊覧ましまし、藤の庵におゐて御茶を催ふさせられ、藤の浪をなせるとあり。輿に乗し給ひ、藤庵の文字を御傍に伺公せる曽呂利に仰せ付られ書せ、藤主へ下し給ふ。代々に伝へ、世の人知る所第一之什物也。又難波江流れの少し残りて義詮玉川とよミ給ふ池の形あるをめでさせ給ひ常々御信仰の弁財天女の尊像此所に安置し給へり。世の人信心によりて其利生明らかなり」※1。

また「摂津名所図会」には「天文年中逆乱時、この藤、兵火に罹りて亡ぶ。ただ古跡のみとなりしを、文禄年中秀吉公ここに駕をめぐらされ、紫藤の僅かに残りしを御遊覧あり。その時、御憩所の亭を藤の庵と名づけさせられ、御傍衆曾呂利新左衛門に額を書かせ下したまふ」※2とあります。

曽呂利新左衛門が「藤庵」と書いたという幅一メートル・高さ六十センチの額は、秀吉の画像とともに春日神社に伝わっています（次頁）。

秀吉の藤見物は伝承の域を出ませんが、その後、この付近は藤名所とな

※1 文禄三（一五九四）年春、太閤秀吉公が藤の花盛りの頃、昔の将軍も訪れた場所だからと花をゆかしくお思いになり、おいでになった。藤の庵で茶会を催され、藤は波のようであったという。輿に乗られ、お供していた曽呂利新左衛門に「藤庵」の文字を書くように申しつけ、庵主に下さった。これは代々伝えており、世人も知る宝物となっている。また、難波江の流れが残り、将軍足利義詮が「玉川」と詠まれた池が残るのを喜ばれ、日頃から信仰されていた弁財天の像をここに安置された。人々の信仰を集めていて、御利益のほどは明らかだ。

※2 天文年間に戦があり、この藤は類焼してしまった。跡だけが残っていたのを、文禄年間に秀吉公が駕籠でおいでになり、わずかに残った藤をご覧になった。そのときの休憩されたあずまやを「藤の庵」と名付けられ、近習の曽呂利新左衛門に額を揮毫させて下された。

り茶店や楼閣が建ち並び、藤の季節には見物の人が群をなしました。「吉野の桜・野田の藤・高雄の紅葉」と童歌にも歌われました。「野田藤」の最盛期は、実はこの頃のことです。

秀吉は四年後の慶長三（一五九八）年八月一八日、六十二歳で波乱の人生を閉じました。その死に際して自分を神に祀るよう遺言し、その死後、朝廷より「豊国大明神」という神号宣下が行われました。秀吉亡きあとの秀頼・淀君の豊臣政権は、その権威を高めるため三人の絵師を雇い、多くの秀吉画像を描かせ、秀吉縁故の大名や神社、寺院に下賜しました。【資40】春日神社に伝わる「豊公画像」はその一つです。

豊公画像（春日神社所蔵）

「藤庵」の額（伝）伝曽呂利新左衛門筆（春日神社所蔵）

「大坂の役」で壊滅した野田の藤

「野田藤」の最盛期は、秀吉が藤見物をしたとされる頃から「大坂冬の陣」（一六一四年）に至る約二十年と短い期間でした。戦国時代を生き抜いた「野田の藤」は、無事に江戸時代を迎えた訳ではないのです。

慶長一九（一六一四）年十月、豊臣秀頼と徳川家康の決戦、「大坂冬の陣」が始まりました。大坂城を攻めるにあたり、徳川方の東軍はまず、周辺の出城・要害の地を攻略しました。野田福島は大坂城攻略上重要な拠点でしたので、豊臣方は野田の新家に船倉をもうけ、大安宅丸など大船数隻を配置し、宮島備中守則秀・樋口丹後守兼興が兵八百でこれを守っていました。［資41］

十月十九日未明、「野田福島の合戦」（一回目）が勃発しました。この日の早朝、九鬼守隆が海から豊臣方の陣営を奇襲したため、豊臣方は驚いて海に飛び込むなどして戦わずして福島に逃げ帰ってしまいました。このことを知らず、二十九日に遅れて到着した池田忠継の軍勢は、豊臣方を追って福島に進軍す

「蘆分船」に描かれた野田藤

る途中、野田村に放火してまわりました。【資41】このため「野田の藤」も野田村もほぼ灰燼に帰しました。

その後の野田藤の様子については、延宝三（一六七五）年に刊行された大阪の最初の地誌「蘆分船《あしわけぶね》」に、かつての栄華を惜しんだ一文が残ります。

「よし野のさくらに　野田の藤　高尾の紅葉などと　熊野のあま　犬うつわらハべまでも　唱歌しける　名所　寔《まことに》見ても見ても見あかぬなるべし　そのかミ　慶長年中の比まては　見物の貴賤　羣《（群）》集して　此藤愛ぬ人はなかりしとや　されとも　時うつり　事さり　たのしひつき花やかなりし時の　楼閣なとも人すまぬ野らとなり　所々に　其かたばかりのこりて　むかしの藤の　古枝は　枯槁せり」※【資42】

この文から「慶長年間までは」野田の藤は繁栄していたことが知られていましたが、突然消滅した原因が、「大坂の役」で徳川方の軍勢によって焼き払われたことを、当時の人々は忘れていたようです。江戸時代の人は、「野田の藤」は「二十一人討死の合戦」で焼失したと考えていましたが、その後勃発した「野田福島の合戦」（二回目）の被害の方がはるかに大きかったと筆者は考えています。

※吉野の桜に野田の藤、高尾の紅葉と、熊野の海女や犬を追う子どもまで歌に歌った名所で、見てもみても見飽きることはなかった。昔、慶長年間までは身分の貴賤を問わず、たくさんの人々が見物に来て、ここの藤を愛でない人はなかった。しかし時がたつにつれ華やかだった楼閣も人住まぬ野良となり、昔の藤の古木も枯れ果てた

藤の木の下の死闘

大坂の役が三年後に迫った大坂城下は緊迫していました。そのような状況で野田の藤を見物に来ていた豊臣秀頼の小姓衆と薩摩の武士との間で斬り合いがあったことが、「大坂御陣山口休庵咄《ばなし》」※【資43】に残っています。

秀頼の小姓・津田出雲守、渡邊内蔵助、御詰衆ら十人ばかりが満開の藤のもとで一日酒盛りをしました。小姓達は酒に酔った津田出雲守を残して、三人、五人ずつ小舟に乗って福島・海老江村に見物に行ってしまいました。出雲守の家来も、野田の在家に行ってしまい、林齋という座頭とともに出雲守が取り残されました。そこに六人の薩摩の武士が藤見物にやってきたのです。中に四尺の太刀の鐺《こじり》（さやの末端）に小さな車をつけた者もいました。この者達が出雲守に無礼を働き口論となり、六人が抜刀し斬り合いとなりました。出雲守は十文字に切り結び野田の浜まで追いましたが、そこで薩摩武士達は反撃に転じ出雲守は九か所ほど深手を負い危うくなりました。このとき、側にいた座頭・林齋が浜に積み上げられていた割木をとって六人に隙間なく投げつけ防ぐうちに渡邊内蔵助がかけつけ、長刀で渡り合い、薩摩者のうち三人を討ち取り残り三人にも手傷を負わせて追い払いました。そのうち出雲守の下人もかけつけ出雲守を看病し、大阪城につれ帰りましたが、出雲守は自害して果てたといいます。

フジが咲いている下で刃傷沙汰におよんだ事件は、のちに紹介する「中山の大藤」にも出てきます。

※「大坂御陣山口休庵咄」は豊臣下臣の山口休庵が大坂冬の陣について書いた記録集。

五

「吉野の桜・野田の藤・高雄の紅葉」といわれた江戸時代の野田藤

「大坂の役」のあと、江戸時代初期は、「野田の藤」は、ほとんど壊滅状態であたりは廃墟となっていました。これが再びよみがえったのは江戸時代の貞享年間（一六八四〜八八年）の頃です。

井原西鶴お気に入り・野田の藤

「大坂の役」から七十年後の貞享元（一六八四）年に刊行された、井原西鶴の「諸艶大鑑《しょえんおおかがみ》」、別名「好色二代男」という短編集に「敵無《てきなし》の花軍《はないくさ》」という挿話があります。

越後の竹六という大商人は、始めて都に上ったときは、京の六条の「一日買い」をしたとか。見栄っ張りのこの男、大阪では卯月（四月）六日、新町の「吉田屋喜兵衛」の北面の長縁に花桶をならべ、花軍をしたといいます。

「春の名残の藤は野田、東洞寺の葉末をもとめ、生玉の若楓、佐太の芍薬、浅沢のかきつばた、中津川の花菖蒲……（中略）、釈迦誕生ましますも、かかる花園にてのこととや。」※1

当時の大阪の花名所がずらりと並んでいる中で、その筆頭が「野田の藤」でした。人一倍目立ちたがりの西鶴は、見栄っ張りの越後の竹六も、広く名が知れ渡り始めた「野田の藤」も、大変お気に入りであったようです。この頃から急速に野田の藤が人々に知られるようになりました。

「野田藤」はフジの高級ブランドだった

品種としての野田藤の文献上の初見は、お膝元の大阪ではなく江戸です。元禄八（一六九五）年、「ソメイヨシノ」の名で知られる染井（現在の東京都豊島区）の園芸家・三之丞伊藤伊兵衛が刊行した日本最初の総合的園芸本「花《か》壇《だん》地《じ》錦抄《きんしょう》」に、「野田藤・野ふぢ・白藤・大豆藤《まめ》・ひめふぢ・土用藤」の名が記載されています。野田藤の説明は、「野田藤　むらさきの花長クさがること四尺斗《ばかり》、よく出來たるハ五尺くらい」※2とされています。このように野田の藤は花房が長く美しいことから、早くから江戸の園芸家の間で人気が

※1 春のなごりのフジは野田、東洞寺の葉末、生玉（大阪市天王寺区）からはカエデ、佐太（守口市）のシャクヤク、浅沢（大阪市住吉区）のカキツバタ、中津川（大阪市此花区付近）のハナショウブ（中略）、お釈迦様が誕生されたのもこのような花園だったことだろう。

「花壇地錦抄」の野田藤の記載

※2 野田藤　紫の花房が長く下がり一・二メートルほど。とくに長いのは一・五メートルくらいになる

ありました。園芸家にとっては、「野田藤」はフジの「高級ブランド」だったのです。「草木育種《そうもくそだてぐさ》」【資44】には「摂津國野田の藤ハ長さ四五尺に至る　常の野藤とハ別なり。又花大にして短ものあり、又白ふじあり」※とあります。園芸家の間では、フジは野生ではなく野田地方から来たと考えた時代もあり、園芸家が栽培しているフジを「野田藤」、自生しているフジを「山藤」とよんでいました。【資45】関東ではヤマフジは自生していませんので、山野に咲くフジはすべてノダフジであるにもかかわらず。

江戸時代、京都や大阪の上方文化が「先進的なもの」「珍しいもの」あるいは「高級なもの」として東国に下っていきました。そのような風潮の中にあって、上方見物に行った人々が、上方の美しい藤の花として「野田藤」を持ち帰ったのです。

野田から地方にもたらされた藤

野田から地方にもたらされたフジで判明しているのは、次の四箇所ですが、現存するのはそのうちの二箇所のみです。

亀戸天神社・初代の藤

花の天神様として知られる東宰府天満宮・亀戸天神社は九州太宰府天満

※摂津国の野田のフジは（花房の長さが）一・二〜一・五メートルにもなる。一般的な野生のフジとは異なる。花が大きくて房が短いものや白花もある

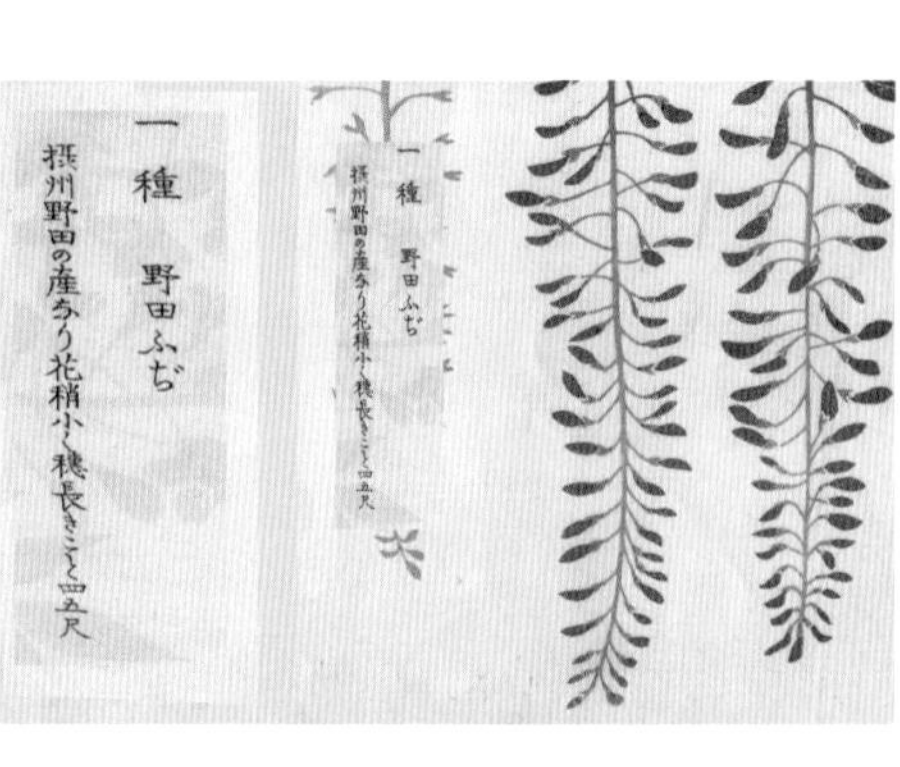

「本草図説」巻79

宮の神官・菅原大鳥居信祐公（道真公の末裔）が建立した由緒ある神社です。寛文二（一六六二）年、社殿、回廊、心字池、太鼓橋などが建設され、このときフジが大阪の野田からもたらされました。

千葉大学園芸学部創立百周年記念の江戸時代の園芸文化史展の展示資料では、三代目・歌川広重により描かれた浮世絵「東都三十六景　亀戸天神境内」について「江戸一番の藤の名所は亀戸天神境内、名所中の名所であり、植えられた品種は大坂から導入された花房の長い野田藤である」と説明されていました。［資46］

近世になって周囲が工場地帯になってからこのフジは衰え、昭和一四年に千葉県流山から周囲一メートルのフジが移植されました。このフジも第二次世界大戦の戦災で焼失し、現在のフジは三代目です。現代も「東京一の藤の名所」として賑わいを見せており、広重が描いた構図とよく似た風景が今も残っています。

このフジは早くから海外に知られたフジで、スコットランド出身のプラントハンター、ロバート・フォーチュン（Robert Fortune）は、一八六一年にこのフジを見て次のように書き残しています。

「地面から〇・九メートルの高さ迄、二・一メートルの花房が垂れ下がり、それが十八メートル×三十一メートルの藤棚を覆っている。棚の高さは二・四メートルで数千のフジが地面からほぼ半ばまでの高さで咲いてい

亀戸天神社のフジ

デュ・カーンの水彩画

る。その花序の一つを実際に計ってみると、一・〇六メートルあった。数千の総状花序はそれまでに見たことのない美しさでした。フジが咲いている頃、それを見るために人々は遠近から花の下に集まり、あたかも大衆の茶室のようであった。木陰にはテーブルやベンチがならべられ、訪れる人々はそれに腰を下ろし優雅に飲み物をすすっていた。」【資47】

明治四一（一九〇三）年、フローレンス・デュ・カーン（Florence Du Cane）がここを訪れ、美しい水彩画を残しています。【資48】当時イギリス人はフジをGlycineとよんでいました（今はWisteria）。ドイツ語では今もフジをGlyzinieともいいます。

【所在地】 東京都江東区亀戸三丁目六番一号
【アクセス】 総武線「亀戸駅」下車　北口より徒歩十五分
総武線、地下鉄半蔵門線「錦糸町駅」下車北口より
徒歩十五分
都バス「亀戸天神前」下車すぐ

四国宇和島「天赦園」の藤

四国愛媛県宇和島市の国指定名勝「天赦園」は江戸時代末期の大名庭園で、多くのフジが植えられ有名な藤名所です。特に池上にかかる太鼓橋式の藤棚の白玉藤は壮観で、そのかたわらに宇和島藩・五代藩主・伊達村候《むらとき》

広重「東都三十六景　亀戸天神境内」

天赦園のフジ

公が安永年間（一七七二～八〇年）に、参勤交代の途中野田村から持ち帰られたフジも植えられています※。

当初は人麿神社に植えられていたものがのちにここに移植されたといいます。

天赦園には多くのフジが植えられており、まず入口から入ると大きな藤棚があります。池を左に見て庭園の奥に進むと野田から移植されたフジが植えられています。形のよい池のまわりには、そこここにフジ、アジサイ、菖蒲が植えられ、茶室も配された豪華な大名庭園を散策しながら藤見を楽しむことができます。

【所在地】愛媛県宇和島市天赦公園
【アクセス】JR予讃線「宇和島駅」からバス十二分
「天赦園前」下車すぐ・徒歩二十分

福岡県柳川市「中山の大藤」

福岡県柳川市三橋町熊野神社にある「中山の大藤」は、享保年間（一七一六～一七三六年）、この地で酒蔵を営む通称「萬さん」という豊かな商人が上方見物に出かけ、高雄の紅葉、野田のフジと上方見物の道すがら、野田村に立ち寄り藤の種を何粒か持ち帰り自宅の庭に植えたと伝わります。最初、萬さんは自宅の庭に植えましたが、数十年後、四尺ほどの見事な花が咲き

中山の大藤

※二〇八頁に紹介する春日神社のフジは、このフジの子孫です。野田村のフジの子孫は空襲で焼けて途絶えてしまいましたので、筆者は天赦園を管理する財団法人宇和島伊達文化保存会にその苗木を譲っていただくようお願いし、快諾をいただきました。そして平成一二（二〇〇〇）年十月、苗木十本を受け取りに天赦園にうかがいました。苗木の贈呈式は上記の茶室で行われ、愛媛新聞社も取材に来ていました。茶室の床の間には狩野常信筆の松・竹・梅の三本の見事な掛け軸が飾られ、茶会が催されました。茶道の心得が全くない筆者は冷や汗ものでした。

だすと酒に酔い刀を抜いて乱暴する武士まで現れたため、熊野神社の社前に移しました。二株十本の幹が、地上二メートル付近から四方へうねるように伸び、千二百平方メートルの藤棚をビッシリと埋めつくしています。藤棚の下に立つと、このフジは往時の野田村のフジの美しさと豪快さを最もよく今に受け継いでいるフジではないかと感じさせられます。

そのフジは、昭和五二年四月九日、「中山の大藤」として福岡県指定天然記念物に指定されました。見頃は四月中下旬で、その期間中「中山の大藤まつり」が開催されており、農産物・地域の特産品の販売、野外コンサート、フジにちなんだ俳句や写真の募集などたくさんのイベントが行われています。

【所在地】福岡県柳川市三橋町中山五八三―一
【アクセス】西鉄天神大牟田線「西鉄柳川駅」から車で十五分
瀬高駅から車で十五分

鹿児島市「仙巌園《せんがんえん》」の藤

かつての薩摩藩主、島津家別邸の仙巌園（国指定名勝文化財）に、摂津の野田からもたらされたフジがありました。江戸時代に描かれた仙巌園十六景図（尚古集成館蔵）には正門（錫門）のすぐ奥にアーチ型をした立派な藤棚が描かれており、それが野田の藤と思われますが、今はありません。

仙巌園の錫門

「藤之宮」と「野田の藤」

宝暦九（一七五九）年七月、藤氏十一代・藤宗左衛門（神官の官名は和泉守藤原延敬《のぶよし》）は京都の吉田家から「藤之宮」の名をいただきました。それ以来、春日神社（当時は春日明神とよんでいた）は「藤之宮」とよばれるようになりました。Fujinomiya（藤之宮）の名は「NodaFuji（野田藤）」の名とともに、海外の文献にも紹介されています。【資48】その頃、代官内藤十右衛門、大坂城代井上河内守正賢、戸田因幡守忠寛、代官青木楠五郎などが藤見物に訪れています。【資49】

藤之宮が有名になるとともに、ここは和歌御祈願所となり、皇族や貴族が詠み歌を春日神社に奉納しました。

藤氏十代　藤宗左衛門（宗信）。「野田の藤」を再興した。藤原延敬の父

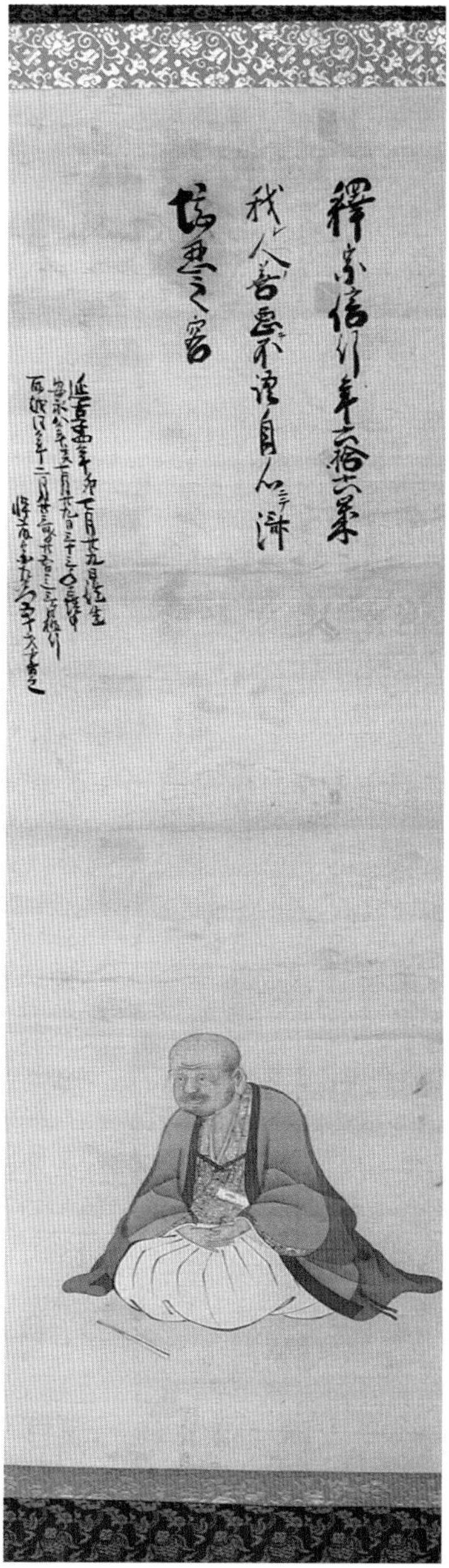

大阪城代・代官の藤見物
（「藤原末流子孫代々」春日神社所蔵）

水そこに宮さへふかき松かへに千歳をかけて咲がふじ浪
伏見宮邦頼親王

幾春も花の盛りを松が登《ど》に飛《ひ》さしく来たれ宿の藤波
京極宮家仁親王

春日山へたてぬはるの影しめて神やうへけん野田のふじか枝《き》
日野中納言資枝

名にしおう野田の藤波さきぬればみどり色そふ玉川の水
輝宣詠　普寂院筆

この「藤之宮」とよばれた春日神社の境内に野田の藤が咲いていていたのです。

江戸時代の「野田の藤」は、どのように咲いていたのでしょうか。日本の三大名藤であったから大きな藤棚に植えられていたと思われる方も多いことでしょう。しかし錦絵「浪速百景」の「野田藤」、「浪華勝概帖」（上田耕沖）の「浪速の賑わい」をよく見ると、たくさんのフジが大小の木に絡まって咲いています。「牛島の大藤」など古くからの藤名所のフジは、一般

伏見宮邦頼親王宸筆 フジの和歌

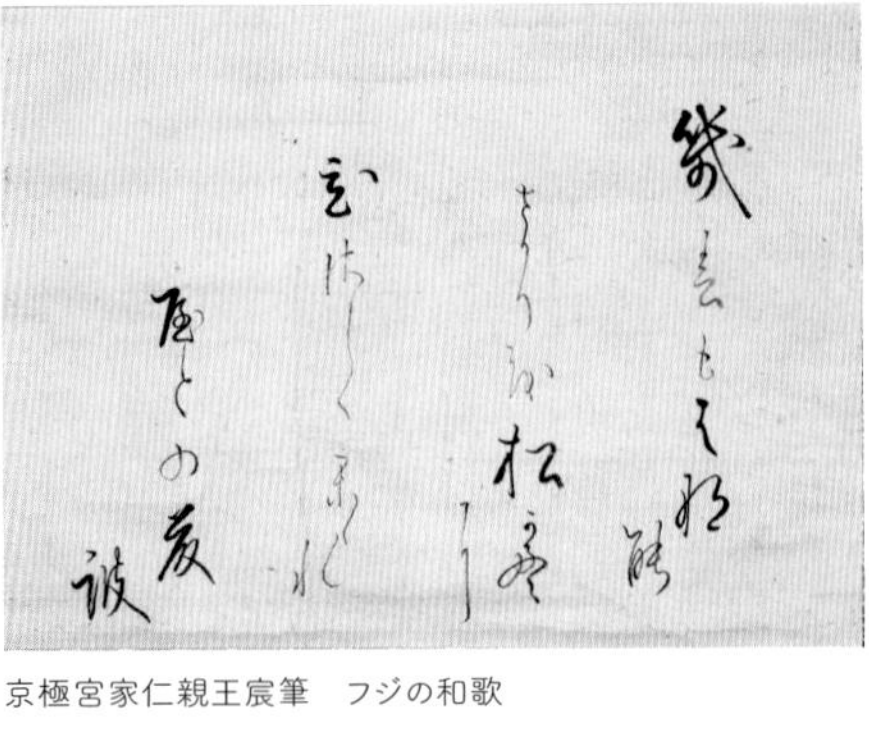
京極宮家仁親王宸筆　フジの和歌

に藤棚に植えられていますが、「野田の藤」は、藤棚ではなく大木に絡まって自然のままに豪快に咲いていたのです。これは鎌倉時代から室町時代に

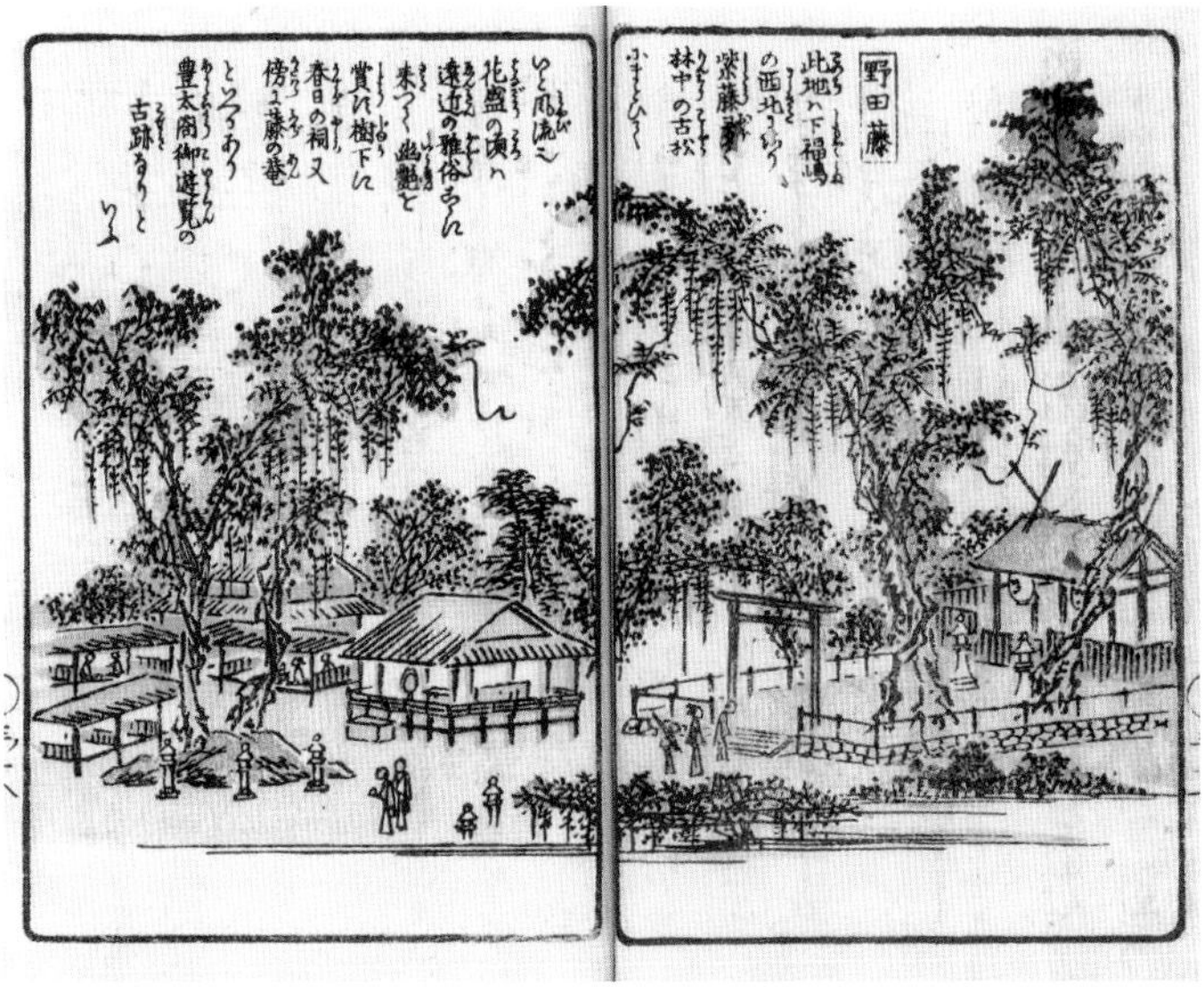

「浪華の賑わい」の野田藤

「浪速百景 野田藤」
（大阪城天守閣所蔵）

センダンといっしょに描かれている

「野田の細江」に咲いていた野生のフジの生き残りだったのです。このフジが咲いていた春日神社付近は「野田の細江」の東の先端に位置し、この付近のフジだけが戦国時代を生き残りました。

フジが絡まっている大木は、「蘆分舟」（一四五頁）に「今も小高き　あふちの梢とともに」と書かれていることや、絵の描写から、センダン（樗《おうち》）に絡みついていたことがわかります。センダンは高さ十〜十五メートルに達する落葉高木で、成長が早く、その木にフジの花穂が長く垂れ下がっていました。

「浪速百景」の「野田藤」をよく見ると、センダンの木は古木ですが、フジはツルが細く若木であることがわかります。江戸時代初期に描かれた「蘆分舟」、同中期に描かれた「藤原末流子孫代々」の「城代の藤見物」のフジも若木です（一五五頁）。「摂津名所図会」に描かれた野田の藤も、中央に小さな藤棚はありますが、大部分のフジは大小の木々に絡まって描かれています。「野田の藤」は、大きな藤棚に植えられていたわけでも、老木でもなく、おそらく接ぎ木苗から育てた若木を植え替えながら世代交代を繰り返し、江戸時代二百六十年間受け継がれてきたのです。フジは若木の方が咲きやすい性質を、当時の人々は知っていたので

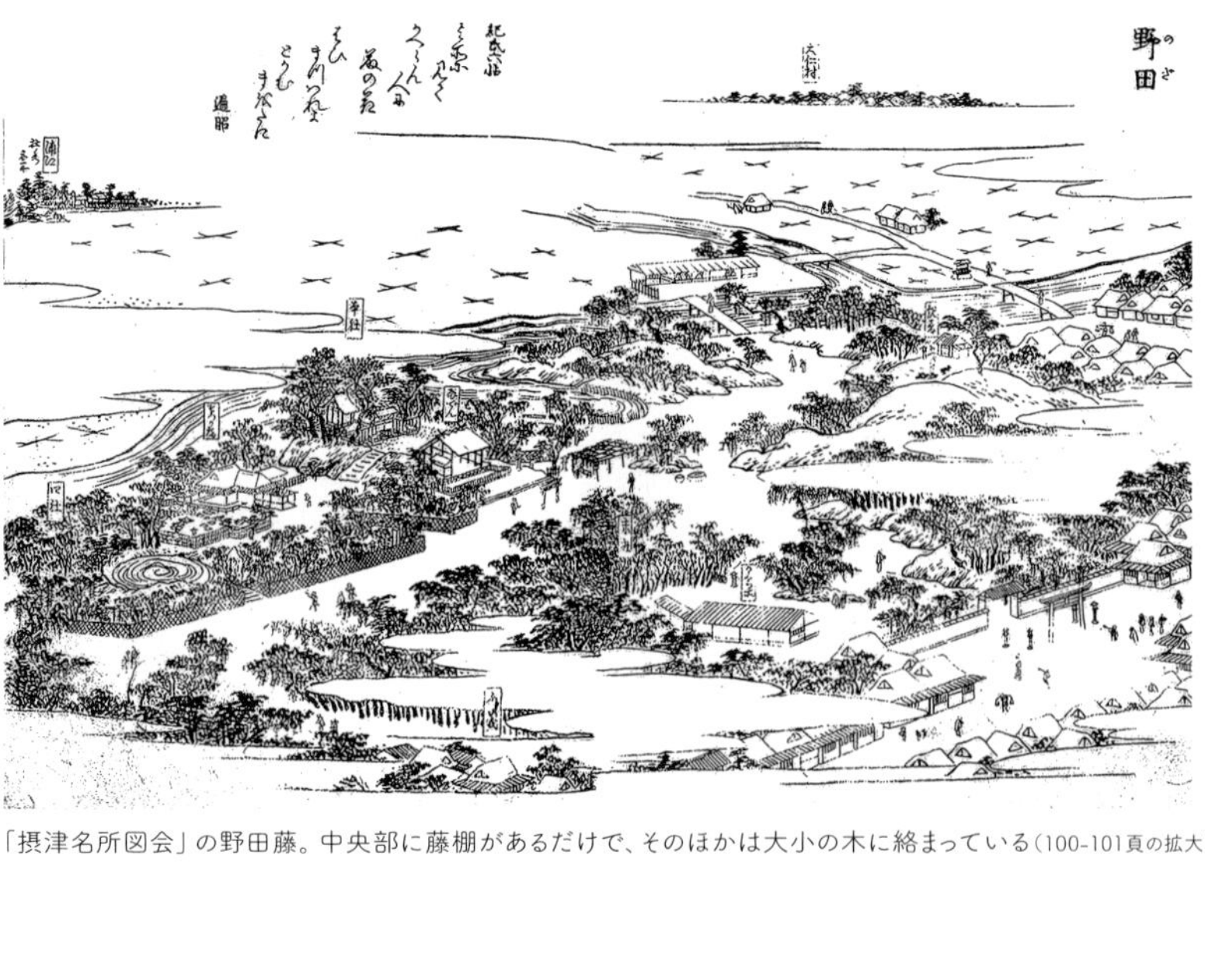

「摂津名所図会」の野田藤。中央部に藤棚があるだけで、そのほかは大小の木に絡まっている（100-101頁の拡大図も参照）

しょう。

一六九〇～九二年まで長崎の出島に滞在していたドイツ人医者であり園芸家のエンゲルバート・ケンペル（Engelbert Kaempfer）が、オランダ商館長に同行し、将軍に拝謁するため江戸に行く途中、このフジを見ています。【資50】「人々は酒の粕をフジの木の下の周りに撒いて肥料にしていた。そこを訪れる人々はこの長く美しい花を見て、その場所に宿る神に祈り、それを褒め称える詩を書いていました。花房は長く、すべて紫または白でした」。「野田の藤」には意外なことに白藤も混ざっていました。下の写真は白カピタンでヤマフジ系です。ノダフジよりも生命力は強く、第二次大戦の戦災を生き残ったその子孫は今も福島区のあちこちの公園で見られます。

安永二（一七七三）年、下総国関宿藩（千葉県関宿町）藩士池田正樹が玉川を訪れフジを見物したことが「難波噺」に残っています。ここにも「白藤が多かった」とされています。

「閏三月一六日昼時より野田村の藤（白多し）見物す。此所に春日の社あり。また藤のもとに平き青石あり。その表に玉川古跡とあり。高札に御免地歌名所とこれあり（「難波噺」）」。池田正樹が見た「玉川古跡」の石は今も春日神社末社の白藤社横の井戸に残っています。

狂歌師蜀山人《しょくさんじん》、昼の顔は銅座幕府役人であった大田南畝《おおたなんぽ》は「蘆の若葉」（享和元・一八〇二年）に、野田を訪れたようすを次のように書き残しました。

今も福島区に咲く白藤（ヤマフジ。玉川南公園）

「すなはち左の方に入れは、門前の木よりしてまつ藤咲かゝれり、門に入りて見るに木々の末に藤咲かゝりて、紫の雲のごとし、又白き藤あり、是は天文二年巳八月九日本願寺合戦の時、此所の藤焼失せたりしが、其実ばえに白き藤咲きて、其房長しとぞ、春日社あり。三月廿一日より廿七日迄神楽を奏すといふ。碑あり。其文にいわく、貞治三年四月藤波盛の比、足利将軍義詮公住吉詣の時、この地へ立よらせ給ひ、池の姿を玉川となそらへ、和歌を詠し給ふ、住吉詣の記に見へたり。また、大閤御遊覧曾路利由緒庵と云碑あり、御宸詠所古跡、藤庵の二字の額あり、みきりの池は難波江の池の残れるなりと縁起に志るせり、かたへに弁才天の宮あり、茶店によりて酒くみぬ、

むらさきのゆかりもあれば旅人の　心にかゝる野田の藤波※」

南畝が見たという藤庵の二字の額は今に伝わっています（一四四頁）。しかし「藤庵」の二字は薄れて読めなくなり、おぼろげながら輪郭のみ残っています。

南畝が酒を飲んだと思われる水茶屋の風景は、文人画「花の下影」に残されています。【資51】【資52】画集のタイトル「花の下影」は「鼻の下影（口のこと）」をもじったもので、当時の大阪の食べ歩き所が描かれています。藤花

「玉川古跡」と書かれた石

※左の方に入ると、フジが咲いている。門を入ってみると、木にフジが掛かって咲いていて、紫の雲のようだ。白いフジもあり、天文二年の本願寺合戦のときに焼けてしまったが、種子から育ち咲いたもので花房が長いといわれる。春日神社があり、三月二十一日から二十七日まで神楽を催すという。この社にある碑文によれば、貞治三年四月に将軍足利義詮公が立ち寄られ、池の姿を玉川になぞらえて和歌を詠まれたことが住吉詣の記に見え、また太閤秀吉が遊覧され曽呂利ゆかりの庵という。御宸詠所古跡で、「藤庵」の二文字の額がある。近くの池は難波江が残ったものと神社の縁起に記されている。傍らに弁財天のお宮がある。茶店でお酒を飲んだ。むらさきのゆかりもあれば旅人の心に掛かる野田の藤波

の盛りの頃は、酔客が毎日一人二人「なんじてさくは野田の藤♪」と歌い踊りながら通りかかったといいます。【資53】

鎌倉時代から室町時代にかけて貴族の歌名所であった野田の藤は、江戸時代末期にはすっかり庶民の娯楽の場になっていました。

現在、野田藤発祥の地・春日神社に植えられているフジは、宇和島の「天赦園」から里帰りしたフジの子孫です。棚仕立てで植えられており、かつての面影は全く見られません。

幕末には「野田村」は「藤野田村」だった

江戸時代末期の文政四（一八二一）年から慶応二（一八六六）年の四十五年間、野田村の村民は、野田村のことを「藤野田村」とよんでいました。【資54】

元々は、野田村の住民が自らの村の名前を「藤野田村」と称していたのが、それを受け取った側の人も「藤野田村」と返信していました。その範囲は、江戸の寺院、安芸の倉橋島など広範囲におよんでいます。藤の花の名前に「野田」という地名をかぶせ、のちに村の名前に「藤」をかぶせたことになります。野田村の人々は野田の藤を誇りにしていました。

「花の下影」野田藤

大正から昭和初期に、春日神社境内で撮られた大峰講「岩組」ののぼりに「藤野田村」が残っています。「藤野田」という愛称は、昭和の初めまで残っていたのです。柳谷観音（楊谷寺。長岡京市）には「藤野田」と刻印された石碑があります。

影藤伝説

江戸時代末期に、「野田の藤」は伐採され小さな

大峰講
右の「岩組」ののぼりに「藤野田村」と書かれている

長岡京市山﨑の柳谷観音にある多宝塔。藤野田講が建立した

矢島喜平次「大阪見物」（1895年）から「野田の影藤

藤棚のフジのみが残されました。

この衰えた野田の藤を惜しむように、影藤の伝説が生まれました。ある朝、藤家の家人が雨戸を開けようとしたとき、障子に藤の影が写るのを見つけて不思議がり、一人の老人が「これは「二十一人討死の合戦」で焼失した藤を、証如上人が残してくださった」と言い出したことに端を発します。【資55】その後「影藤伝説」が成立しました。

「野田の藤　文禄年中豊臣秀吉も来たりて花を見たることある由なるが、その後次第に寂れて昔の繁昌は其の跡を収め、されど藤蔓は境内に蔓延して紫白の花点々垂下し、松に纏ひ杉に攀りて昼尚闇し。春日神社の南手に野田の蔭藤と云ふを見たる家あり、こは日光の具合にて戸の節穴より庭の樹の障子に写るまでにて笑種に過ず」【資56】

この蔭藤（影藤）という現象は、第二次大戦末期の空襲で焼けるまで、「藤庵の庭」といわれた藤家の屋敷の北面の廊下の障子に見られました。針穴写真の原理で、雨戸の節穴を通して庭木が障子に逆さに写り、それが藤の花の影に見えたようです。

影藤伝説の名残は、「新なにわ筋」に面した道路脇の「影藤社」という社に、今もひっそりと残っています。「藤庵の庭」は下福島公園に移設され保

下福島公園の「藤庵の庭」

影藤伝説を今に伝える影藤社。新なにわ筋沿いにある

存されています。

シーボルトとフジ

日本でよく知られている、南ドイツ、ヴュルツブルグ生まれのドイツ人医師・フィリップ・フォン・シーボルト（Phillip von Siebold）（一七九六〜一八六六）は、外科医師として、また調査任務を帯びて、長崎出島のオランダ商館医として着任しました。日本滞在中、収集した博物標本をオランダのライデン博物館へ送りましたが、一八二八年帰国する際、先発した船が難破し積荷の中から幕府禁制の日本地図が、官憲によって発見されました。このためシーボルトは出国停止処分を受け、のちに国外追放となりました（シーボルト事件）。

しかし彼の弟子たちの奔走のおかげで、植物標本と生きた植物は、長い旅を生き延びゲント（現ベルギー領）に届けられました。ところがベルギー独立運動が勃発し彼はそこから逃避を余儀なくされ、収集した植物は没収されたあと、収集家の手に渡り散逸してしまいました。【資57】ふたたび平和に戻った一八三二年、彼はオランダのライデンに家を借り、ここにコレクションを展示した「日本博物館」を開設しました。同年、オランダ政府からライオン文官功労勲爵士とハッセルト十字章を下賜されました。

一八五四年に日本は開国し、追放令を解除されたシーボルトは、翌年オ

ライデン植物園のフジ

オランダ、ライデン植物園のシーボルト記念館にあるシーボルト像

ランダ貿易会社顧問として再来日しました。仕事の傍ら博物収集や自然観察なども続行し日本関連の多くの記述を残し、一八六二年、多数の収集品とともに長崎から帰国しました。

彼が持ち帰ったフジは、今もライデン大学構内にある植物園に三本が植えられています。うち一本はヤマフジです。シーボルトは日本のフジについて次のように記述しています。

「このつる植物は日本で広く栽培されている。庭園や寺の周囲などでアーケード型や棚作りにする。フジが四、五月にひとたび花をつけると、世のすべての階層の人々がこの藤棚のもとに集い、米でできた一種のビールである「サケ」を飲み交わし、器楽の調べに合わせて舞いかつ歌って楽しむ。即興で詩を作り、それを短冊に書いてこの上なく美しい花房にかけたりする。フジがシナから移入され、またそこから庭園に移植されたことは全く疑う余地がないところである。」〔資58〕

当時の藤まつりの光景が目に浮かぶようです。

しかし、彼は日本のフジがシナ（中国）から来たと誤解していました。山野に自生している野生のフジに気づかなかったのです。

シーボルトが描いたフジの標本画

六　明治・大正・昭和の野田藤

日本の植物学の父・牧野富太郎とノダフジ

牧野富太郎（一八六二〜一九五七）は、日本の植物分類学の基礎を築いた植物学の父といわれています。幼少の頃から植物が好きで山野を駆け巡り、植物の採集と写生、観察に没頭していました。十七歳の頃、江戸時代の本草学者小《お》野《の》蘭《らん》山《ざん》の手による「本草綱目啓蒙」に出会い、上京し本格的に植物学研究の道に入りました。

二十二歳のとき、東京帝国大学理学部植物学教室の矢田部良吉教授を訪ね、同教室に出入りするようになり、二十五歳で「植物学雑誌」を創刊しました。明治四四（一九一一）年、その誌上で、日本のフジの標準和名を「ノダフジ」（フジーツルは右巻き）※1と命名しました。合わせて「ヤマフジ」、「シナフジ」も命名しています。三十一歳で帝国大学理科大学の助手となり、各地で植物の採取を続け多数の標本や著作を残しました。写真は同博士が

牧野富太郎が作製したフジの標本

採取したフジの標本の一つです。

大正一五（一九二六）年に津村順天堂（現株式会社ツムラ）の協力を得て、「植物研究雑誌」を創刊しました。この雑誌に、野田のフジについて大略次のように書き残しています。

「野田のフジの起源は、摂津野田村の地名から来た。ここはフジの名所だった。現在は市中になり人家の中に僅かの空き地に小さな社とフジが残っているに過ぎない。十年余り前ここの旧家（藤井氏か）※2を訪れ、野田の逆さフジについて、昼間縁側の雨戸を締めその節穴から逆さに障子に映る、色そのままの藤花を眺め不思議がって楽しんだということを聞いた。この野田は長い来歴があり、その保護について史跡名勝記念物係で一考すべきであると痛感する。」【資59】

高知県立牧野植物園の調査によると、博士は大正七年十二月六日に野田の地を訪れています。フジの標準和名をノダフジ（フジ）と命名して七年後にあたります。その後、昭和十年頃もう一度野田を訪れています。下の写真はそのとき、筆者の父・藤平八によって撮られました。同博士が生まれた高知市の牧野植物園は、博士の業績を顕彰する施設です。ここでは、現存する博士の写真の由来をこの写真以外はすべて把握し

「野田の藤」を調査する牧野富太郎博士（昭和10年頃、玉川春日神社にて）

※1 一般にツルの巻き方は「下から見て右巻き・左巻き」という。フジのみ例外で、牧野富太郎博士の呼び方に従った。

※2 「藤氏」の誤り。

ていましたが、これだけが出所が分からなかったそうです。筆者が、博士の野田訪問時に採取したフジの標本や日記が残っていないか調査のために同植物園を訪れた際にこの写真が撮られた状況がわかり、「これで博士の写真の由来がすべて判明した」とたいへん喜ばれました。しかし残念ながら、当時の標本も日記も見つかりませんでした。

ちなみに日本のフジを一般に「藤」または「紫藤」と呼んでいますが、同博士によれば、「この紫藤は中国産のシナフジのことで、日本にはフジに適用する漢字はない。藤の字は元来カヅラのことで藤本《とうほん》という文字がこれにあたる。花の咲くフジは藤にあらず」、「和名抄」には「藟《るい》は藤なり、葛《かづら》に似て大、和名布知」とあり、「語源不明なり」といいます。

藤の棚の歌人・矢沢孝子の歌に見る 近世の「野田の藤」

明治末期から大正、昭和にかけて関西歌壇で活躍した女流歌人・矢沢孝子（雅号・楓《かえで》）は、明治三八（一九〇五）年から昭和一八（一九四三）年まで、当時「藤の棚」とよばれていた現在の春日神社近くに住んでいました。大正モダニズム歌壇を代表する歌人で「藤の棚の歌人」とよばれていました。今ではすっかり忘れ去られましたが、孝子は当時「西の与謝野晶子」とよ

矢沢孝子

ばれる関西随一の才媛でした。住んでいた地名にちなんで、和歌の同人会「藤之歌舎」も結成しています。

明治四三年に出版された処女作『鶏冠木《かえで》』は、表現が自由奔放であったがために、風俗を乱すという理由で官憲から発売を禁止され、ごく一部の人の目にしか留まっていません。ほかに大阪で発禁本となったのは織田作之助の『青春の逆説』などがありますが、歌集で発禁になったのはこれのみであるといいます。

そんな孝子の目に、自宅近くの「野田の藤」はどのように映っていたのでしょうか。

夕月のもとに見上ぐる三尺の藤の花より髪の重たさ　（歌集『鶏冠木《かえで》』）

夕ごとに出でて仰ぎぬむらさきの咲き初むる藤散り初むる藤　（同）

夕月は藤ちるかげにほの匂ふひとり寝るべき戸にはかへらじ　（同）

ゆかしさに歩みよりたるむらさきの藤のしづくにぬれし髪かな　（歌集『はつ夏』）

戦前の野田藤（南木コレクション　大阪城天守閣所蔵）

夕されば雲もこころも静まりて匂う白ふじの花　（同）

以上五句の和歌は、明治時代末から大正時代初期に自宅近くの野田の藤を見て詠んだ歌で、その頃は三尺（約九十センチ）のフジや、白藤が咲いていました。それ以降は「野田の藤」を詠んだ歌は見当たりません。

この付近は市街化が進み、明治二六年開業の「福島紡績」をはじめ紡績工場が競って操業を開始し煤煙が舞うようになり、また電車が走りだし家も増えだしました。都市化と環境の悪化を表した次のような孝子の歌が残ります。

蚊のごとく煤の飛び来てうたたねの顔にざれ書く大阪の夏

わが家は大煙突の風下にうきおもいする日のつづくかな

夕ごとにそぞろ歩きをよろこびし青田も今日は家ならびけり

こうして「野田の藤」は「伝説の古木」となり歴史の彼方に消えていきました。その後、昭和二〇（一九四五）年六月一日の大阪大空襲で、家屋敷もろとも残っていたフジの木はほとんど焼失し、その後関西を襲ったジェー

ジベルニーの庭園の「ShiroNoda」

ン台風で塩水につかり、わずかに残ったフジも枯れていきました。こうしてフジの木も、この付近がかつては藤名所であったことも人々から忘れ去られました。

昭和白藤（シロノダ）

フジといえば、紫を連想するほどに藤色（薄紫色）の花が咲く種が圧倒的に多いです。まれに白藤も見かけますが、それらの大部分は、白カピタン（ダルマフジともよばれる）という花房が短いヤマフジです。

そんな中、昭和白藤は花序が五十〜六十センチほどと比較的長い園芸種で、大正時代末期に開発されました。海外では「ShiroNoda」あるいは「ShiroNaga」の名で知られており、ヨーロッパで人気が高い品種です。

フランス印象派の巨匠・モネが晩年を過ごしたことで知られる、パリ郊外のジベルニーの庭園には、モネの「睡蓮」の絵そのままの池があります。その上にかかる日本の橋を覆ってフジが植えられており、このフジが「ShiroNoda（昭和白藤・シロノダ）」と紹介されています。ShiroNodaはヨーロッパではロイヤルフラワー、高貴な花とされ珍重されています。

イギリス庭園のShiroNoda（昭和白藤、シロノダ）（豊島美由紀氏撮影）

シロノダが咲く葛井寺

野田長藤

白藤（シロノダ）

昭和白藤

行基創建の紫雲山 葛井寺《ふじいてら》のどっしりとした山門を入ると、左側に高いアーチ型の藤棚があり、早咲きの一歳藤が植えられています。このフジは四月中旬から咲き始め、このフジが終わった頃、境内中程の六尺フジが咲き始めます。最後に、本堂に近い樹齢百年と推定される昭和白藤が五月初旬に満開となります。入口近くには本紅フジも植えられており、大阪近郊で最も美しい藤名所です。昭和白藤はこのほかに、奈良万葉植物園（奈良県奈良市）地福寺（徳島県名西郡石井町石井字石井）、和気の藤公園（岡山県和気郡和気町藤野）、白井大町藤公園（兵庫県朝来市和田山町白井）、子安地蔵（和歌山県橋本市菖蒲谷）などでも見られます。

【所在地】 大阪府藤井寺市藤井寺一ー一六ー二一
【アクセス】 近鉄南大阪線「藤井寺駅」より徒歩三分

七 俳句に詠まれたフジ

俳句に詠まれた白藤・ヤマフジ

和歌では紫色で花房が長いノダフジが、紫藤・藤浪などと詠まれましたが、俳句では白藤・ヤマフジ・フジの実までも詠まれています。

白藤や揺れやみしかばうすみどり　　芝　不器男

風がやみフジの花の揺れが静まって、よく見ると白ばかりに見えたフジの花が精妙な色を秘めているではないか。シロフジの花のつけ根の茎の緑が、花びらの中にわずかに流れ込んでいて、微妙な薄緑色をしています。大変観察眼の鋭い俳人の白藤を詠んだ句として紹介しました。

芝不器男（しば　ふきお）は明治三六年生まれの俳人。愛媛県出身。「ホトトギス」で新人として注目されたが、二十六歳で天折。

白藤（白カピタン, ヤマフジ）

本阿弥光甫の白藤（出典：ColBase（https://colbase.nich.go.jp/）。春の藤，夏の牡丹，秋の楓の三図からなる掛け軸の一幅

白藤は水田のひかり得て咲けり　　佐川　広治

佐川広治（さがわこうじ）は一九三九年生まれの俳人。秋田県出身。俳誌「河」編集長。一九八一年「河」賞受賞。

これは新潟県燕市八王寺の安了寺の白藤を詠んだ句です。【資60】このフジは樹齢三五〇年の花房が長いノダフジで、昭和白藤が出現するずっと以前から生息していたフジですから、園芸種ではありません。花房が長い白藤は園芸種の昭和白藤（シロノダ）であることは先に述べましたが、まれではありますが昔から花房の長い白藤が日本に自生していました。本阿弥光甫《ほんあみこうほ》（一六〇一〜一六八二）が絹に描いた白藤の絵が東京国立博物館に残されています。

フジの実を俳句に詠んだ松尾芭蕉

藤の実は俳諧にせん花の跡　　松尾　芭蕉【資61】

「花が終わったあとのフジの実は、私が俳諧にでもしようか」という句です。江戸時代は、「俳句」と云わず「俳諧」といっていました。「何でもないフジの実も俳句になるんだ！」との驚きの気持ちで取り上げました。

フジは花後の花殻をそのままにしておきますと、夏の終わりにはマメになり、さらに冬になりますと殻が乾燥してカチカチになります。このとき、殻はわずかにねじれてきます。そして臨界点を超えると殻が突然はじけ、一つがはじけると他の殻も次々にはじけだし、フジの実が四方に飛び散ります。このことを戦前の物理学者で俳人・随筆家の寺田寅彦が随筆に書き残しています。計算すると、フジは少なくとも毎秒十メートル以上の初速で飛び出しているそうです。【資62】

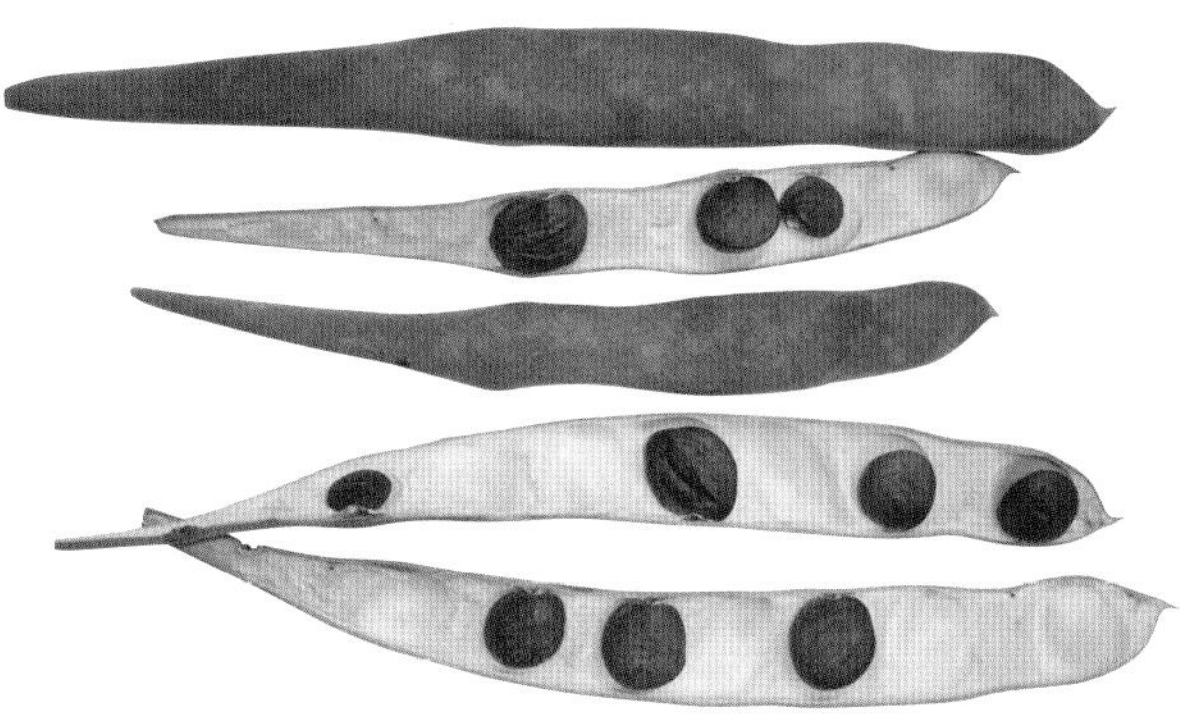

フジの実とタネ

新潟県燕市・八王寺安了寺の大白藤

安了寺の白藤

安了寺の境内には幹回り約七メートルにもなる白藤の巨木があります。無数の枝が四方に広がり、その枝張りは東西約三十メートル、南北約二十メートル、高さ約三メートルにもなります。毎年五月初旬から中旬にかけて、優雅な白い花房が無数に垂れ下がり人々を楽しませています。樹齢は約三百五十年と推定されている名木です。

古来より「松濤園の藤」ともてはやされ、昭和三三（一九五八）年、県の文化財（天然記念物）に指定されました。

【所在地】新潟県燕市八王寺九六二
【アクセス】バス・越後交通八王寺中央

現代俳句とフジ

俳句ブームが続いています。その流れの中で、小さな春日神社にも、「ノダフジ発祥の地」ということで、俳句の会や俳句結社の方々が吟行のために訪ねてこられます。

平成一九年六月末、俳句結社「雲の峰」を主催しておられる朝妻力先生がおいでになりました。あとでわかったことですが、カキツバタの花や「浦江の聖天さん」（二〇九頁）で知られる了徳院の住職さんから、かつてここがフジの名所であったことを聞き伝えられ、花は終わっていましたが、フジの若葉を見に「聖天句会」のメンバーと足を運んでこられたのです。このとき、藤棚の手入れをしている筆者夫婦に声を掛けていただきました。さっそくマンションの一室を改造した「野田藤史料室」をご案内し、古文書や野田藤の歴史を説明しました。

これがご縁となり、先生には毎年春日神社の春の例大祭にご参詣いただいています。「本章の最後を飾るのは朝妻先生しかない！」という気持ちでご寄稿をお願いしたところ、快く引き受けていただき、古典的な名句から現代俳句まで、フジの句をご紹介くださいました。

朝妻力（あさつまりき）
一九七七年「風」入会。一九八九年「春耕」入会。二〇〇一年「雲の峰」を結成、主宰。句集に『晩稲田』『伊吹嶺』。俳人協会幹事、大阪俳句史研究会理事。

特別寄稿

フジが詠まれた句

朝妻　力

よく知られている藤の俳句

草臥て宿かる比（ころ）や藤の花　――――　松尾　芭蕉

芭蕉の「笈の小文」所収。旅の用具あれこれを背負い、後ろに引かれるように歩き、「道猶すゝまず。たゞ物うき事のみ多し」と愚痴ったあとにこの一句がある。心身ともに萎えかかっていた芭蕉が藤の花を前にして精気を取り戻したかのようである。場所　特定できないが、惣七宛の書状では貞享五年四月十一日（現行暦五月十日）に初案が詠まれており、この日「やぎと云処、耳なし山の東に泊まる」とあるので天理から大和八木の道中であろうと思われる。

山もとに米踏む音や藤の花　――――　与謝　蕪村

〈米踏む〉は、脱穀・精米のこと。当時は横木の一端に杵を取りつけ、他端を足で踏んでは放す、テコの原理で杵が臼をつき、脱穀または精米を行った。元気で働いている音と藤の花の取合せが好ましい一句。香りもしているかもしれない。場所など不明。

藤の花長うして雨ふらんとす――――　正岡　子規

明治三三年五月四日、根岸庵での作。句会に出句したが誰も選ばなかった。藤の花には曇天が似合うと感じていたのであろう。

この頃はまた日永でもある。病床を慰めてくれる藤に対しての所感。悔しかったのか、「体温日記」に〈藤の花長うして雨ふらんとす　つくりし我句人は取らざりき〉と短歌にしたてて書き残している。

大阪近郊のフジ名所のフジを詠んだ句

◇春日大社砂ずりの藤

砂ずりの藤の短かさにはふれず――――　後藤　比奈夫

春日大社、砂ずりの藤の一句。藤の長い房が砂に触れんばかりと期待して来たのであろう。実際には地面まで二尺あまりの空間……。期待に応えてくれなかったと言っても、社殿の横に樹齢八百年の堂々たる藤。短いなどといってはバチがあたるか……。

後藤比奈夫（ごとう ひなお）は一九一七年生まれの俳人。大阪府出身。俳誌「諷詠」名誉主催。二〇二〇年歿。

◇大歳神社の千年藤

人通るたび千年の藤の房 ―――― 朝妻　力

境内いっぱいに広がる藤の花。人が通るたびにゆさゆさと揺れてくれます。

◇白毫寺の九尺藤

叢雨に藤九尺の揺れ重し ―――― 中川　晴美

叢雨はひとしきり強く降るにわか雨。
藤の花房が長いだけに重々しく揺れてくれます。

野田藤を守る

棚を継ぎ足されて野田の藤若葉 ―――― 谷野　由紀子

平成一九年六月、春日神社前（一二四頁）を歩いていると藤三郎ご夫妻が藤棚の手入れを

中川晴美（なかがわ はるみ）
俳句結社「雲の峰」「春耕」同人、編集委員。
俳人協会会員。大阪俳人クラブ理事。

谷野由紀子（やの ゆきこ）
俳句結社「雲の峰」同人

されていた。瑞々しい若葉と今まさに伸びようとする蔓。こうして野田藤が守られているのだと実感。

古文書も広げ藤氏の夏座敷　　原　茂美

原茂美（はら しげみ）
俳句結社「雲の峰」同人

野田藤をしづかに説ける夏座敷　　朝妻　力

同日、藤氏の開設された「野田藤史料室」にお邪魔してその歴史をうかがう。何しろ鎌倉時代初期から藤の名所として知られているだけに、規模も歴史もとてつもなく奥深い。

石組みは藤庵移し藤の花　　朝妻　力

下福島公園での一句。ここには旧藤庵から移された石組みが残り（一六三頁）、野田藤も植えられている。

藤の香や女宮司の所作凜と　　中川　晴美

野田藤を後世に伝え守っている春日神社の春季例祭の一景。女宮司は本書の著者藤三郎さんの奥様です。

日本にはたくさんの
美しいフジの
名所があります。
そのなかで
あえて「世界一」「日本一」
あるいは「関西一」と
いいたい
現代のフジ名所
十選をご紹介します。

第3部 現代のフジの名所十選

日高川のフジ

写真/PIXTA

世界一美しい
足利フラワーパークのフジ

1

栃木県足利市の「あしかがフラワーパーク」は花の公園。バラ、花菖蒲、アジサイなど四季折々の花が咲きますが、なんといってもシンボルはフジ。

特に栃木県天然記念物の三本の野田九尺フジ、八重黒龍、八十メートルにおよぶ白藤のトンネル、薄紅フジ、キバナフジが四月中旬から五月中旬の一か月間次々と開花します。この期間は「ふじのはな物語～大藤まつり～」が開催されます。足利フラワーパークは、二〇一四年アメリカCNNが選んだ「世界の夢の旅行先」十か所に、日本で唯一選出されました。まさに「世界一美しいフジ」といっても過言ではありません。

この大藤は、元々足利フラワーパークの前身である「早川農園」にあり、当時樹齢百三十年の「二百五十畳の大藤」が、一九九七年に現在の場所に移植されました。大藤の移植は前例がなく、常識を超えた移植プロジェクトは全国から注目を集め、日本で初めての成功例となりました。

この大藤の移植プロジェクトを成功させたのは、病気で助からないという樹木を次々と治してきた日本を代表する樹木医で日本の女性樹木医第一号かつ、フジ研究の第一人者である塚本こなみ氏（一九四九年〜）です。

大きなフジの移植は極めて難しく、幹まわり四メートルの大藤の移植は、当時不可能と考えられていました。移植に先立ち、運びやすいように根切りし、残った根を水苔で巻いて保存しました。藤棚を縮小する必要があり、一回目は六百平方メートルを三百平方メートルに切り詰め、二回目は運搬用トレーラーの大きさに縮小し、移植先の土壌改良を行ったうえで移植したといいます。準備には二年かかりました。移植のときわずかでも傷がつけば、そこから腐りはじめます。塚本こなみ氏は、これまでにない手を打ちました。人間の医師が骨折のときギプスに使う石膏で幹を覆ったのです。「人間ならどうするか」と考えて思いついた大胆な方策でした。石膏で塗り固められた大藤は、まったくの無傷で大がかりな移植作業を終えました。そして、翌年、新しい地で満開の花を咲かせたのです。【資63】

塚本こなみ氏

今では、移植された大藤は十倍以上の枝振りに生育し、棚の広さは畳六百枚を超え、さらに枝を広

げ続けています。花房の長さは一メートル九十センチに達します。
「のだふじの会」では、フジの管理技術の基本を、この高名な塚本こなみ先生から学びました。このことは今も、私たちが誇りとするところであります。

【所在地】栃木県足利市迫間町六〇七
【アクセス】東北自動車道佐野藤岡ICより、国道五〇号前橋・足利方面進行（約十八分）
北関東自動車道太田桐生ICより、国道一二二号経由、国道五〇号足利・小山方面進行（約二十分）
北関東自動車道足利ICより、国道二九三号経由、県道六七号佐野方面進行（約十五分）
北関東自動車道佐野田沼ICより、県道一六号経由、県道六七号足利方面進行（約十二分）

現在の「牛島の大藤」

日本一長寿のフジ 牛島の大藤

2

牛島の大藤は「弘法大師お手植え」との伝承があり、樹齢千二百年と推定されます。伝説では、昔農家の娘が長い間病気で苦しんでいたが、旅僧から生垣の中にあるフジを寺に納めるとよくなるといわれ、寺の境内に移し植えたところ病気が治ったとされています。この寺が現在の蓮花院です。

一九一四年、イギリスの植物学者エルネスト・ウイルソン（Ernest Wilson）は、このフジを撮影し、花序の長さを計ると一・六四メートルあったそうです。関東大震災で被害を被りましたが、その後の一九二九年、園芸家パレモン・ハワード・ドルセット（Palemon Howard Dorsett）が訪れ、花序は一・二メートルと測定しています。

花房の長さは最も長いもので二

1914年撮影の「牛島の大藤」（E. H.Wilson）

メートルにもなり、根まわりは十平方メートルあります。花色は美しい藤紫です。樹は根本から数本に分岐してまるで大蛇のようです。藤棚の面積七百平方メートルの藤棚が三か所あります。見頃は毎年四月下旬〜五月上旬です。花時の眺めは世界一と賞賛されます。

このフジは一九二八年に国の特別天然記念物に指定されました。最も花序が長くなる園芸種「九尺フジ」の原木です。まさに日本を代表するフジといえるでしょう。

【所在地】埼玉県春日部市牛島七八六

【アクセス】東武野田線「藤の牛島駅」より
徒歩十分
東北自動車道岩槻ICより
約十五キロメートル（約十分）
常磐自動車道柏ICより
約二十キロメートル（約三十分）

3

日本一長寿のヤマフジ「才の神」のフジ

往古の昔、兄弟の神が、出石乙女に求婚していた頃、すでに丹後の山間部には、才の神のフジ（京都府福知山市大江町南有路）が自生していました。濃い紫色のヤマフジで、樹齢は推定二千年といわれ、古事記の時代から現代まで生き続けています。ヤマフジであり明確な記録はないものの、おそらく日本一古木のフジでしょう。大小六株のフジが四方に枝を伸ばし、強い生命力を感じさせます。古くから信仰と観光の対象にもなっていて、京都府の天然記念物の指定を

受けています。
巨大なフジが、自然のまま、豪快にあたり一面に広がる様子は、整然と藤棚に整えられたフジ名所のフジには見られない光景です。かなり山の中ですが、一見の価値があります。
以前は樹齢二千年を越えるケヤキの巨木に絡まっていました。ケヤキとフジは樹齢を同じくしますが、残念なことに、ケヤキの大木は幾度かの落雷のため、枝は折れ、幹が裂け、樹幹のごく一部と一本の太い下枝を残すのみとなりました。

【所在地】京都府福知山市大江町南有路
【アクセス】京都丹後鉄道宮福線「大江駅」から市バス二箇下線で約十五分、「南有路」下車徒歩二十分

4

日本一フジの品種が多い九州の「河内藤園」

福岡県北九州市の「河内藤園」には、六千平方メートルの園内に百五十本のフジが咲き乱れます。野田長藤、口紅藤、赤紫藤、青紫藤、白藤、八重藤、長藤、中藤、短藤など全二十二種類のフジが植えられ、大藤棚には樹齢百年を超えるフジもあります。園のホームページには、創立の由来が次のように紹介されています。

「河内藤園の歴史は、創設者である樋口正男が、小学校の頃に読んだ本に感銘を受け「俺も何か一つこの世に生きた証を残したい」という少年の夢から始まりました。戦中戦後と家族を守り、ひたすら仕事に打ち込んできた正男でしたが、生活も落ち着いてきた頃、湧き上がってきたのは少年の頃に抱いた夢でした。「この雑木の山に美しい藤を植え、みんなに見に来てもらえる藤園をつくりたい」と意を決し打ち明けると家族も賛同してくれ、1968（昭和43）年、長男と共に開墾を始めます。生きた証を残したいという正男の夢は、この時から家族の夢となったのです。ブルドーザーのエンジン音が、静かな山中に響き渡る中、地盤が固く岩石を多く含む土地によって作業は難航します。ごろごろ出てくる石を集めては一輪車で運び出す、気の遠くなるような作業が続きました。それでも、数年後には山の斜面をひな壇状にする作業が終了し、約1000坪の大藤棚とフジのトンネルが完成したのです。

そして「河内藤園」の始まりの木として最初に植えたのは、河内貯水池建設の際、湖底に沈むこととなった河内村から移植し、これまで大切に育ててきた1本の藤でした。開墾から50年。「河内藤園」はじまりの木も樹齢120年を越える大藤へと成長し、毎年美しい花房をなびかせ来園者の方々に喜んでいただいております。初代から受け継ぐ深い愛情を注ぎ育てた藤をゆっくりとご堪能ください。」

日本一の路地植えのフジ「信達宿の藤」——5

ＪＲ阪和線「和泉砂川駅」から徒歩十分の、徳川吉宗が本陣を置いたこともあるという熊野街道沿いに、樹齢四十年の「信達宿の藤」があります。

生け花に使った切り花のフジを庭の片隅に「チョイ植え」したものが、そのままおよそ十年間放置されていました。それを「平成の花咲か爺さん」こと故・梶本昌弘氏が手入れし始めたところ、年々見事に咲きだし、それに伴って藤棚を作り、少しずつ拡張していったそうです。こうしてまずは「梶本さんの藤」として有名になりま

した。梶本氏亡き今では「信達宿のフジ」とよばれて観光名所になっています。

幅三十メートル、奥行き二十七メートルの藤棚に、毎年約四万の花房がつきます。これがたった一本のノダフジなのです。植栽されている地面はわずか一畳の広さもありません。一般に、藤名所のフジの藤棚面積と植栽面積は同じくらいで、それが理想とされていますが、このフジはそれに全く逆行しています。その意味で「日本一の路地植えのフジ」としました。このことはフジを咲かせるのに必ずしも広い植栽用の土地は必要がないことを示しています。

根は屋敷の地面の下をくぐり、水と空気を求めて数十メートル離れた中庭の下まで達しています。夏は、フジからはるか離れたこの中庭に撒水するようです。フジの貪欲で強い生命力を感じます。

このフジは下から見ても見事ですが、フジの開花中、梶本さんは自宅の一部を開放されており、その二階からも鑑賞できるようになっています。

現在はボランティア団体「熊野街道信達宿藤保存会」のメンバーがフジを守っており、毎年四月中旬~下旬の見頃に開催される「ふじまつり」には、市内外から多くの人が訪れ、泉南市の春の風物詩となっています。

【所在地】大阪府泉南市信達牧野一三三八
【アクセス】JR阪和線「和泉砂川駅」下車、熊野街道を東へ徒歩八分

家と道路の間に植えられている1本のフジ

二階から見たフジの雲海

日本一の
著名フジ・コレクション
岡山県・和気の藤公園

6

和気町で生まれた和気清麻呂の誕生一二五〇年を記念して、昭和六〇年に開園した敷地約七千平方メートルの藤公園では、幅七メートル、総延長五百メートルの藤棚に、北は函館のフジ、南は鹿児島県坊津のフジと、全国四十六都道府県の著名なフジを集めています（沖縄県には野生のフジは自生しないので「四十六」都道県です）。全国の有名なフジ名所のコレクションとして日本一を誇ります。品種の多さも日本有数です。

入口の巨大なフジのアーチを抜けると、その先には長い藤棚が続き、花の房を一メートルも垂らしたフジもあれば、葡萄のように小ぶりな房のフジもあり、またその花の色も、紫の濃いもの薄いもの、可憐なピンクや清浄な白もありと様々です。長い藤棚の下は通路となっていてフジを仰ぎながら散策することができます。花が満開となる時期には、長く房を垂れ重なりあって咲いたフジは紫色の煙る雨のようにも見え、見る人を引き込む幻想的な美しさです。

【所在地】岡山県和気郡和気町藤野一八九三
【アクセス】山陽自動車道和気ＩＣから車で十五分

7

日本一長い藤棚　日高川のフジ

車で阪和自動車道有田ＩＣから日高川に沿って約四十分椿山ダムを中心とした「リフレッシュエリアみやまの里森林公園」。この森林公園には、長さ日本一（千六百四十六メートル）の藤棚ロードがありま

す。見頃となる四月下旬から五月初旬にかけて、一～二万人が訪れます。
ここでは、早咲きで白色のヤマフジ（ダルマフジ）、中咲きで濃い藤色の野田一歳フジ（黒龍フジ）、遅咲きで薄紫色の九尺フジ、同じく遅咲きでピンク色の新紅フジというように、開花期をずらして長く楽しめるよう、また配色を考慮して、色とりどりに約六百本のフジが植えられています。
公園に入ると右に緩やかな坂道が始まり、まず白フジが一面に咲いています。コースは折れ曲がっていて、角を回るたびに、白から藤色、ピンク色、紅色とフジの色が変わり驚かされます。藤棚の下部には、約二十センチ角の碁盤の目状にワイヤーが張られており、通常の藤棚のように花房が垂れ下がりにくい構造になっています。その代わり、長いツルが藤棚の周りを覆ってここにもフジがたくさん咲いているので、まるでフジのトンネルのようです。

小一時間かけてゆっくり歩いたコースの最後には高い展望台が設けられています。ここからの眺めはまさに圧巻。他の名所ではフジを下や横から観賞するようになっているのに対し、ここでは上から観賞するように作られています。咲き方は他に例を見ないようなワイルドさで、一見の価値があります。是非訪れたい名所です。

花の期間には藤祭りも行われ、敷地内にはアスレチックやミステリーハウスがあり、家族連れで楽しく遊べるようになっています。長い距離を歩くので、お弁当でも持ってピクニック気分でゆっくり一日過ごすのもいいでしょう。

どうしてこのような長い藤棚が作られたのでしょうか。かつて「みやま村」の村長をされていた池本さんが、この山間の村に何か名物を作り、村おこしをしようと季節を通じて楽しめるいろいろな花木を植えだしたのが始まりと言われています。昭和六三年、森林公園がオープンしたとき、この藤棚が作られました。現在は有田川町でぶどう園を営まれている方が、ほとんどお一人でこの広大なフジを管理しています。冬に一回剪定するだけで、本書で紹介したような春夏秋の季節ごとの剪定はしていません。山間部のため、水も十分与えているとは言えませんが、気候が合っているのか、よく咲いています。フジのたくましい生命力を感じさせられる名所です。

【所在地】 和歌山県日高郡日高川町初湯川二〇二
【アクセス】 御坊駅からバスで六十分

日高川のフジのトンネル

8 日本一のシナフジ 宮崎神宮のオオシラフジ

シナフジは中国原産で、日本ではあまり植えられていない珍しい樹木です。宮崎神宮の大白藤はシナフジですが国指定天然記念物で、この品種としてはわが国で最も大きい樹木です。根周りは二・九五メートル、幹が二つに分かれています。西の枝は径一・六メートル、東南の枝は径一・四一メートルあり長く伸びています。樹冠は西南方面に約十二・二メートルに達しますが、東方面にはあまり伸びず約六・三メートルです。四月中旬頃、真白で大きな花を咲かせ皆の目を楽しませてくれています。

「オオシラフジ」は標準和名ではなく、フジの一品種（マメ科シロバナフジとのこと）で白く大きな花をつけることからその名がつきました。明治四〇（一九〇七）年当時の宮崎町長が植えたもので、樹齢約二百年となります。

【所在地】 宮崎県宮崎市神二丁目四-一
【アクセス】 から徒歩八分。
宮崎交通宮崎神宮バス停から
徒歩五分。宮崎駅からバス十五分

9

関西一長寿のフジ
山崎・大歳神社の
千年藤

兵庫県の大歳神社は「藤の宮」ともよばれています。このフジは天徳四（九六〇）年、上寺村の与右衛門という村人が植えたと伝わり、県の天然記念物に指定されています。根回り約三・八メートル、樹高約三メートルの堂々とした古木で、フジが神社の境内のほとんどを埋め尽くしており、その迫力に見る者は圧倒されます。藤棚の下に立つと、長い花房が風に揺れ、悠久の時を感じさせるフジです。植えられた記録から見て、「牛島の大藤」に次いで長寿のフジといえるのではないでしょうか。

四月下旬から五月中旬の開花時期には約一メートル以上の花房が垂れ下がり、境内を埋め尽くす様は壮観です。平成一三年には環境省の「かおり百選」にも選ばれました。多くの古木のフジは、長い間人の手を介さず自然のままに育っていたためか、龍がのたうち回っているように見えることが多いのですが、このフジは近隣の住民が長年の間手入れしていたのでしょう。古木ではありますが幹がまっすぐ直立しています。

【所在地】 兵庫県宍粟市山崎町上寺鴻ノ口一二二

【アクセス】 中国自動車道山崎ICから車で五分
高速バスで三ノ宮から山崎まで九十五分、終点「神姫バス山崎バスターミナル」から北へ六百メートル

10 日本一多くのフジが咲く都市 大阪市福島区

空襲で焼失した「野田の藤」はその後どうなったのでしょうか。その復興の跡をたどってみました。

昭和四六（一九七一）年、「大阪福島ライオンズクラブ」のメンバーは、福島区が野田藤発祥の地であることを再発見し、その復興活動を開始しました。まずは保育園・学校・神社・公園など区内各所にフジを移植するとともに、「のだふじウオッチングスタンプラリー」を毎年行うなど、野田藤の啓発活動を現在に至るまで続けています。平成七年、区民による「野田の藤」復興への熱意が実って「のだふじ」は福島区の花となりました。

ライオンズクラブが植えたフジは、移植後数年は咲いていましたが徐々に咲かなくなり、平成一八（二〇〇六）年頃には、二、三か所のフジを除きほとんど咲かなくなってしまいました。

これを再び咲かせたのが区民のボランティア団体「のだふじの会」（会長・後藤賢一）です。

本会は、筆者の呼びかけをきっかけとして、平成一八年八月に区内の有志と福島区地域振興会（連合町会）、大阪市福島区医師会、大阪福島ライオンズクラブなどの支援団体が中心となり設立されました。現在、区内三十数か所、百数十本のフジを、約六十名の会員が手分けして管理しています。また、福島区役所、大阪市北部公園事務

PURI·PURI
au
au
KADOYA
KADOYA

所、国土交通省大阪国道事務所も本活動を支援しています。

　会の運営は、定期的に月例会とフジの管理技術の講習会を開催するとともに、規模の大きい藤棚は会員の共同作業で剪定、規模の小さい藤棚は地域（町内会）ごとに近隣会員が手分けして維持管理しています。会の発足当時は専門家の指導を受けていましたが、現在ではベテラン会員が初心者の指導を行っています。

　公園のフジは春・夏・秋・冬の季節毎の剪定に加えて、高温障害対策のため夏にツルの切り戻しを繰り返すとともに、猛暑の中の水やり、さらに開花直前に放置するとハトにつぼみを食べられるた

大開公園（松下記念公園）

福島聖天・了徳院

海老江東公園

め、ハトよけネット掛けをしています。管理にこのような手間のかかるフジはまず日本中にないでしょう。

平成二四年十月、財団法人都市緑化機構（後援・国土交通省）による第三十二回「都市緑化賞」の「奨励賞」を受賞しました。最後に、十数年にわたる「のだふじの会」の活動の成果を紹介し、本章の締めくくりとさせていただきます。

大阪市福島区では、大部分の公園・小学校・中学校の校庭・病院・個人宅など、合計六十四か所、百七十二の藤棚に二百三十七本ものフジが植えられており、フジの季節には町全体が「のだふじの町」に一変します。

大阪梅田から二駅目の福島区の玄関口・阪神電鉄野田駅の南側正面には約五十メートルのフジ棚が国土交通省により設置されており、息をのむような美しいフジが一面に咲きます。夜になると、ライトアップされた植え込みにはキャンドルが灯り、幻想的な風景に一変します。野田阪神の近くの

秋の剪定講習会

挿し木講習会（平成26年度）

ネットかけ作業

「のだふじの会」の活動
フジの管理技術の講習会を開催するとともに、区内三十数か所、百数十本のフジを、約六十名の会員が手分けして管理しています。

海老江東公園、大開公園（松下幸之助記念公園）、吉野小学校でもフジが美しく咲いています。野田阪神前から、「新なにわ筋」に沿って南に七百メートルほど下った住宅地に（玉川）春日神社があります。「のだふじ巡り週間」には区外からの訪問者はまずここを目指して歩いて来る方が多いようです。この東側のフジのテーマパーク「下福島公園」には数十本のフジが咲いています。

フジの季節には区役所主催で「のだふじ祭り」が開催されます。この公園の一角には「藤庵の庭」といわれる日本庭園の石組みがあります。元は春日神社近くにあった藤家の庭園ですが、高速道路が建設されたため、大阪市の手によっ

現代の春日神社のフジ。宇和島の天赦園から里帰りしたもの

てここに移設されました。文禄二年、秀吉が藤見に来て茶会を催したという伝承があることから、平成二七年春、それに倣って若いボランティア達が太閤の茶会を行いました。

　そこから約一キロ北上すると、「浦江の聖天さん」の名で親しまれる「了徳院」にいたります。この境内には「野田長藤（六尺フジ）」が咲き、フジの季節には大勢の参拝客で広い境内はあふれかえります。

　福島区はグルメの町でもあり、いろいろなお店が屋台を出す「野田バル」も開催され、旨いものを食べ歩くことができます。大開公園・下福島公園・新橋筋商店街では「藤まつり」が行われ、下福島公園では屋台村も開設されます。

下福島公園の藤まつり（上）
藤庵の庭で行われた太閤の茶会の様子（左）（下）

藤の花・藤棚が美しい名所選

東北・関東・東海地方

藤島の藤（国指定天然記念物）　岩手県二戸郡一戸町小鳥谷字仁昌寺

樹齢数百年以上と言われるノダフジ。根回り四メートル、高さ二十メートルほどで圧巻の迫力。

現在の東北地方太平洋側の多くにあたる陸奥国を治めていた南部氏の後継者争いと、豊臣秀吉の奥州仕置《しおき》への反発から、南部氏の有力者九戸政実《くのへまさざね》が天正一九（一五九一）年に反乱を起こします（九戸政実の乱）。このとき、豊臣方の蒲生氏《がもううじ》郷が九戸側の姉帯城《あねたい》を攻めるために陣を張った場所とも伝わり、当時は堀があったため藤が島のように見えたから「藤島」と呼ばれるようになったといいます。五月最終週には「藤島のフジ祭り」が行われ、郷土芸能が披露されます。

金蛇水神社《かなへびすいじんしゃ》　宮城県岩沼市三色吉字水神

水神を祭る神社。樹齢三百年といわれ「九竜の藤」と名付けられた藤棚があり、また千三百株のボタンなど折々の花も楽しめます。

神社ホームページによれば、平安時代の一条天皇の時代、天皇の御佩刀を鍛えよとの勅命を受けた京都三条の小鍛冶宗近が名水を求めて諸国を遍歴し、宮のほとりを流れる水の清らかさに心をうたれここで炉を構えたものの、カエルの鳴き声で精神統一ができなかったため、巳のお姿をつくり、田に放ったところカエルが鳴き止み、名刀を鍛え上げることができたという伝説が社名の由来だそうです。

ふじの咲く丘

群馬県藤岡市藤岡

昭和五四年に市の花として制定された「フジ」をテーマにした公園。

見所は全長二五〇メートルにおよび「シャンデリアのよう」とも評される藤棚。園内には四十五種類のフジが植えられた「見本園」もあり、見頃の四月下旬~五月中旬に「ふじまつり」が開催されます。

笠間稲荷神社

茨城県笠間市笠間

江戸時代から歴代藩主の崇敬を受け、現在も殖産興業の守護神として全国の信仰を集める稲荷神社。フジの古樹があります。

境内に樹齢四百年におよぶフジが二本あり、県指定天然記念物となっています。このうち一本は、花がブドウの実のように密集する珍しい品種で「八重の

天王川公園の藤棚

藤」と呼ばれます。もう一本も「大藤」と呼ばれ、一メートルにもなる花房が見事。見頃は五月上旬。

妙福寺

千葉県銚子市妙見町

日蓮宗の寺院。境内に大小四つの藤棚があり、いちばん大きな藤棚のフジは樹齢七百五十年を超えるといい、根元が竜が寝ているように見えることから「臥《が》龍《りゅう》の藤」と呼ばれています。見頃は四月下旬〜五月上旬。この時期には夜間ライトアップも行われます。

岡崎公園の五万石藤

愛知県岡崎市康生町

岡崎公園の乙川堤防沿いにある千三百平方メートルの藤棚。長い花房が特長。四月下旬〜五月上旬には「五万石藤まつり」が行われます。

天王川公園

愛知県津島市宮川町

かつて「藤浪の里」と呼ばれたフジの名所だった津島市で、池を中心に整備された公園です。長さ二百七十五メートル、面積約五千三十平方メートルの巨大藤棚が見所。

四月下旬〜五月上旬の「尾張津島藤まつり」期間中にはライトアップも行われます。

白井大町藤公園の藤棚とこいのぼり

藤の寺とよばれる正法寺（滋賀県）の藤波

近畿地方

白井大町藤公園

兵庫県朝来市和田山町白井　１００８

地元のボランティアが運営する広大な公園。

総延長五百メートル、幅四メートルの藤棚を擁する、山陰随一の藤公園。ボランティアが藤の台木百五十本を採取し、全国の銘木の取り木を接ぎ木して育てた多数の品種のフジを見ることができます。花時には、最長一メートル五十センチ近くなるさまざまな色の花房がたなびく藤浪が見事です。フジの見頃に重なる五月には、ため池沿いにたくさんのこいのぼりが掲げられます。

藤の寺　正法寺

滋賀県蒲生郡日野町鎌掛

臨済宗の禅寺。一般には「鎌掛《かいがけ》の藤の寺」として親しまれ、元禄時代の初め、寺の開祖普存禅師が京から移植したと伝わる、樹齢は三百二十年を越え、花房は一メートル以上になる藤の古木があります。

本殿東側の傾斜地の下に植えられたこのフジは斜面を這い上がるように咲き、上から眺めると一層豪快な印象です。このほかにも、一歳フジ系の品種やヤマ

子安地蔵のフジ

フジも植えられています。これらのフジは、古木のフジより少し早く満開になります。

子安地蔵

和歌山県橋本市菖蒲谷94

紀伊十三佛霊場第五番の古刹。

正式な寺名は易産山護国院宝蔵寺で、「子安地蔵」は通称です。関西花の寺二十五カ所霊場二十四番「ふじの寺」としても有名です。九尺フジ、口紅藤、シロノダ、赤長藤など八種類二十五本が咲き誇ります。開花は四月下旬から五月初旬のゴールデンウィーク明けまで。この期間は着物にたすき掛けの「藤娘」が歓待してくれます。

開基は奈良時代の天平九（七三七）年、行基によります。本尊の地蔵菩薩も行基が自ら刻み、女人安産守護のために安置したと言います。紀州徳川家の安産祈願のお寺で、江戸時代の画家伊藤若冲の菩提寺としても知られます。

四国・中国・九州地方

地福寺

徳島県名西郡石井町石井字石井321

阿波六地蔵霊場第一番札所の寺院。「藤の寺」として知られる町のシンボル。

黒木の大藤

地福寺のフジ

江戸時代の寛政年間、時の住職隆淳上人が庭に植えたという樹齢二三〇年のナガフジが、南北三〇メートル、東西六メートルの藤棚に広がっています。花時には、一メートル以上になる薄紫の花房が見られます。シロノダも合わせて植えられています。花はこの地域としては遅く、本州と同じく4月末〜ゴールデンウィークにかけて。

住雲寺

鳥取県西伯郡大山町古御堂

約六百年前に建立された寺院。別名「ふじ寺」。樹齢約五十年の六尺フジの大木が四本あり、ゴールデンウィークには「藤まつり」が開催されます。

黒木の大藤

福岡県八女市黒木町黒木

樹齢六百年と推定される古樹。国指定天然記念物。素戔嗚神社の小さな社殿を取り囲むような、東西約五十メートル、南北約八十メートルの藤棚に、〇・八〜一・五メートルの紫の花房を垂らす枝が広がります。

四月中旬頃に開花し、開花期間中は「黒木大藤まつり」が行われます。

おわりに

藤（フジ）といえば、日本舞踊の「藤娘」や、「下り藤」など藤の家紋、佐藤・藤村など人名を思い浮かべる人が多い反面、本物のフジは見たことがないという方も意外に多いようです。本書によりフジに興味を持ち、自分で育てる方が増えてくれば大変嬉しく思います。

十数年間にわたり都会のフジの育成にかかわっていると、「自分のところのフジが咲かないので、どうしたら咲くか指導してほしい」という依頼を受けます。

それらの大部分は、基本的には繁りすぎが原因で、本書でいう「大掃除（徹底的な強剪定）」をしたうえで、通常の管理をすれば、大部分は一～三年のうちに咲きました。

残りの咲かなかったフジは、今から考えると、高温障害対策が不十分だったと思います。夏中伸び続けるツルを放置したり、散水が不十分になりがちなのです。ヒートアイランド現象がある都会のフジを咲かせるのは、特に難しいことです。

令和二年一月の大阪の平均気温は八・六度と例年の三月に近い温暖な冬でした。

フジは冬の低温を感じて開花の準備をしますが、この年のように冬の気温が高いと開花のタイミングがわからず、花芽が休眠状態になったままで春を迎えてしまうため、咲かないフジが多かったようです。特に長藤系にその傾向が強く見られました。しかしヤマフジはその影響を受けませんでしたし、同じノダフジでも「野田一歳フジ（黒龍フジ）」は影響が軽微でした。

夏の高温化、冬の温暖化と、フジには厳しい気候になっていると感じます。

令和二年は、コロナ自粛で多くの活動が制約され巣ごもり状態になったため、時間に余裕が生じ本書執筆を始めました。この執筆中に人気アニメ「鬼滅の刃」が話題をよびました。

その第四部は、フジが鬼を退治するストーリーになっています。また胡蝶しのぶという女性戦士がフジから鬼を殺す薬をつくり出すそうです（フジにも「胡蝶の舞」という園芸種があります）。

フジは長寿の木で、大切に育てれば千年、二千年でも生きます。

このフジの強靭な生命力が、アニメ「鬼滅の刃」の中で示されています。

日頃からフジに接していると自然にフジのパワー（木霊《こだま》）が伝わってきますので、フジから元気がもらえます。

これがきっかけとなり、フジの魅力が再発見されることを期待します。

令和三年一月

著者

野田藤に関する体系的な文献調査は二〇〇三年、圓満寺（福島区玉川四丁目）から見つかった多量の古文書の調査に始まります。これは大阪城天守閣館長（当時）・渡辺武氏、圓満寺住職・棘恵浄氏、「福島区歴史研究会」事務局長（当時）・（故）井形正寿氏、愛媛大学教授・内田九州男氏、（故）野市勇喜雄氏、和田義久氏および筆者によって行われ、『野田藤と圓満寺文書』（非売品）にまとめられました。

その後、筆者が拙家に伝わる古文書の釈文を行い、それを出発点として『なにわのみやび野田のふじ』（東方出版）が出版されました。

これをきっかけに、大阪市立自然史博物館学芸課長・佐久間大輔氏、名古屋園芸（株）社長・小笠原左衛門尉亮軒氏、イングリッシュガーデナー・豊島美由紀氏、（故）岩佐亮二・千葉大学名誉教授（江戸時代の園芸史研究家御子息ご令室）岩佐富美子氏、千葉県立中央博物館主任上席研究員・御巫由紀氏、大阪城天守閣前館長・北川央氏、同研究副主幹・跡部信氏、高知県立牧野植物園・植物研究課 牧野富太郎プロジェクト推進専門員・小松加枝氏から貴重な資料や情報の提供を受けました。

フジの園芸に関し、樹木医・塚本こなみ氏（当時 あしかがフラワーパーク）、木多倫浩氏（奈良万葉植物園）、樹木医・西出稔氏（草津・三大神社）、京阪園芸（株）多田薫氏（宇治・平等院）、樹木医・小池徹夫氏（東京・亀戸天神社）から多大のご指導、ご助言、ご教示を賜りました。なかでも、木多倫浩氏には、万葉植物園での写真撮影など、格段のご協力を賜りました。

俳句の会・「雲の峰」を主宰されている朝妻力先生には、第二部第七章に特別寄稿していただきました。

佐久間大輔氏にはまた、ご多忙の中、原稿の査読をお願いしました。

取材に際し、亀戸天神社・大鳥居良人宮司・毛利優人氏・土田晃久氏・三大神社藤古木保存会会長・川井欣司氏、梶本氏ご令室を始め「信達宿の藤保存会」の皆様、日高川町指定管理事業部次長・森岡典子氏、日高川町役場・前田翔太氏、田染孝彦氏の方々から多大なるご協力を賜りました。

謝辞

本書編集に際し、文一総合出版・菊地千尋氏から多くのご助言を頂き、お陰様で充実した本に仕上げることができました。「のだふじの会」会員・谷村祐治氏からは盆養藤入門について、多くを学びました。また後藤賢一会長、松野高己氏、斉藤明子氏、その他多くの会員の皆様にご協力いただきました。

最後に、本書の資料整理、各地のフジの調査に始まり何回かの校正に至るまで妻・マサの全面的な協力を得ました。いわば本書は妻と二人三脚で書いたようなものです。

本書を書き上げることができたのは、これらの方々の協力の結果です。

これらの方々に厚く御礼申しあげます。

【資30】– 旧参謀本部(編). 1965.『復刻版日本の戦史「大阪の役」』. 徳間書店.
【資31】– 井上正雄.1922.『大阪府全志二』. 大阪府全志発行所.
【資32】– 大阪市立長居植物園・大阪市立自然史博物館.2007.
展示会「大阪ふるさとの景色・のだふじ」展(2007年4月28日〜5月6日).
【資33】– 明石市魚住・住吉神社由緒書き
【資34】– 塙保己一(編)『群書類従』巻十八.
【資35】– 加地宏江. 1997. 伝足利義詮作『住吉詣』について.「関西学院史学」24: 35.
【資36】–「宗良親王千首詠歌」, 春歌一八七番. 天授三年(一三七七)
【資37】– 北西弘・薗田香融. 1984. 復刻版『石山本願寺日記』(再刊)所収, 順行寺実従「私心記」.
【資38】– 福島区歴史研究会(編集). 2014.『なにわ福島物語』, p. 85. 福島区歴史研究会.
【資39】– 藤三郎. 2006.『なにわのみやび野田のふじ』, p. 170. 東方出版.
【資40】– 北川央. 1998. 豊臣秀吉像と豊国社. 黒田日出男(編)『肖像画を読む』, p. 200. 角川書店.
【資41】– 大阪府西成郡役所. 1925.「西成郡史」, p. 259.
【資42】– 船越政一郎(編). 1927.『浪速叢書 第十二』. 浪速叢書刊行会.
【資43】–「大坂陣山口休庵咄」. 国書刊行会(編). 2013.『続々群書類従』第四, p. 354.
【資44】– 岩崎常正・阿部喜任. 1833.『草木育種』. 山城屋佐兵衛.
【資45】– 上原敬二. 1959.『樹木大図説』第2巻, p. 420. 有明書房.
【資46】–『江戸時代の園芸文化史』(千葉大百年記念展資料). 2009年11月.
【資47】– Valder, P. 1995.『Wisterias, A comprehensive guide』, p. 78. Timber Press.
【資48】– Valder, P. 1995.『Wisterias, A comprehensive guide』, p. 73-104. Timber Press.
【資49】– 藤三郎. 2006.『なにわのみやび野田のふじ』, p. 98-100. 東方出版.
【資50】– Valder, P. 1995.『Wisterias, A comprehensive guide』, p. 75-76. Timber Press.
【資51】– 岡本良一(監修)・朝日新聞阪神支局(執筆). 1986.『花の下影』. 清文堂出版.
【資52】– 藤三郎. 2006.『なにわのみやび野田のふじ』, p. 181. 東方出版.
【資53】– 森銑三ほか(編). 1980.『随筆百花苑』第七巻. 中央公論社.
【資54】– 内田九州男ほか(編). 2003.『野田藤と圓満寺文書』. 圓満寺.
【資55】– 大阪市立玉川小学校. 1974.『玉川百年の歩み』. 大阪市立玉川小学校.
【資56】– 渡辺霞亭. 1903.『大阪年中行事』. 文芸倶楽部 定期増刊「諸国年中行事」第9巻第2号.
【資57】– Valder, P. 1995.『Wisterias, A comprehensive guide』, p. 76. Timber Press.
【資58】– 大場秀章(監修・解説). 2007.『シーボルト日本植物誌』, p. 91. 八坂書房.
【資59】– 牧野富太郎. 1932.「日本ノふぢ, 支那ノふぢ, 野田ノふぢ」. 植物研究雑誌 8 (5): 223.
【資60】– 青柳志解樹(編). 1997.『俳句の花・上』, p. 112. 創元社.
【資61】– 幸田露伴. 2015.『芭蕉入門』(講談社文芸文庫), p. 185.
【資62】– 寺田寅彦. 1948. 藤の実. 小宮豊隆(編)『寺田寅彦随筆集 第四巻』(岩波文庫). 岩波書店.
【資63】– 茂木健一郎・NHK「プロフェッショナル」制作班(編). 2013.
藤の老木に命を教わる――樹木医 塚本こなみ.『プロフェッショナル 仕事の流儀(4)』. NHK出版.

引用文献・参考資料

【資01】－上原敬二．1961．『植物大図鑑』II, p. 411．有明書房．

【資02】－LOYAL HOUSE OF NETHERLANDS（https://www.royal-house.nl/）．2020年4月27日．

【資03】－上原敬二．1961．『植物大図鑑』II, p. 421．有明書房．

【資04】－田中修．2016．『ふしぎの植物学』（中公新書），p. 50．中央公論社．

【資05】－川原田林．1999．『ＮＨＫ趣味の園芸 フジ』，p. 69, 75．ＮＨＫ出版．

【資06】－藤原俊太郎．2017．『土壌の基礎知識』，p. 43．（社）農山漁村文化協会．

【資07】－プレスリリース・奈良先端技術大学院大学（平成二七年八月一日）

【資08】－田中修．2000．『つぼみたちの生涯』（中公新書），p. 31．中央公論社．

【資09】－田中修．2014．『植物は人類最強の相棒である』，p. 212．PHP出版．

【資10】－嶋田幸久・萱原正嗣．2015．『植物の体の中では何が起こっているのか』，p. 202．ベレ出版．

【資11】－嶋田幸久・萱原正嗣．2015．『植物の体の中では何が起こっているのか』，p. 203．ベレ出版．

【資12】－田中修．2014．『植物は人類最強の相棒である』，p. 212．PHP出版．

【資13】－田中修．2000．『つぼみたちの生涯』（中公新書），p. 56．中央公論社．

【資14】－嶋田幸久・萱原正嗣．2015．『植物の体の中では何が起こっているのか』，p. 296．ベレ出版．

【資15】－田中修．2000．『つぼみたちの生涯』（中公新書），p. 70．中央公論社．

【資16】－三好学．2011．『植物生態美観』，p. 84．山房企畫．

【資17】－中西進．2011．『楽しくわかる万葉集』，p. 100．ナツメ社．

【資18】－上原敬二．1959．『樹木大図説』第2巻，p. 413．有明書房．

【資19】－京都府ふるさと文化再興事業推進実行委員会．2018．『丹後の藤織り』．

【資20】－藤井一二．2017．『大伴家持』（中公新書），p. 116．

【資21】－岡野弘彦．2005．『万葉の歌人たち』，p. 282．ＮＨＫ出版．

【資22】－三月三十日題慈恩寺．

【資23】－安田徳子．1998．『中世和歌研究』，p. 104．和泉書院．

【資24】－安田徳子．1998．『中世和歌研究』，p. 107．和泉書院．

【資25】－安田徳子．1998．『中世和歌研究』，p. 114．和泉書院．

【資26】－外山栄策．1973．『室町時代庭園史』．明治書院．

【資27】－飛田範夫．2012．『大坂の庭園ー太閤の城と町人文化』，p. 297．京都大学学術出版会．

【資28】－宮沢文吾．1968．『花木園芸』，p. 108．八坂書房．

【資29】－梶山彦太郎．1995．『大阪平野のおいたち』．青木書店．

著者略歴

藤　三郎（ふじ さぶろう）

昭和14年大阪市福島区玉川生まれ。藤家十八代。

野田藤発祥の地・春日神社総代（宮司は妻・マサ）。

大阪大学理学部修士課程卒業（高分子化学専攻）。大手化学会社で触媒研究・材料開発に従事。研究室長・研究所長を歴任。退職後「のだふじの会」を設立し、フジの維持管理活動に参画、また「福島区歴史研究会」で地域の歴史を学んだ。

都《と》会《かい》にフジを咲《さ》かせましょう

藤《ふじ》　三郎《さぶろう》 著

2023年5月20日　初版第1刷発行

カバー・本文イラスト
フジイイクコ

ブックデザイン
辻中浩一
＋
内藤万起子、村松亨修（ウフ）

発行者 斉藤　博
発行所 株式会社　文一総合出版
〒162-0812　東京都新宿区西五軒町2-5
電話 03-3235-7341
ファクシミリ 03-3269-1402
郵便振替 00120-5-42149
印刷・製本 奥村印刷株式会社

定価はカバーに表示してあります。

乱丁，落丁はお取り替えいたします。

ISBN978-4-8299-7110-9　Printed in Japan
NDC 620 判型 148×210mm 224p.